Современный Шаман

Шаманское Руководство По Изобилию И Отношениям

Антонио Сиано

Современный шаман

Правовая оговорка

Данный текст приводится исключительно в информационных целях и ни в коем случае не заменяет профессионального мнения врачей, психологов или других специалистов в области здравоохранения. Любые ссылки на научные исследования, альтернативные методы лечения или «натуральные лекарственные средства» в этой книге не должны рассматриваться как медицинский совет или поощрение использования таких методов.

Читателям настоятельно рекомендуется проконсультироваться с квалифицированным специалистом по поводу любого физического, психологического, умственного или эмоционального состояния, которое у них может быть, прежде чем приступать к любой практике или упражнению, упомянутым в этом тексте. Личный опыт, которым поделился автор, не является заменой профессиональной медицинской консультации, лечения или диагностики, проводимых квалифицированным персоналом.

Упражнения, предложенные в этой книге, предназначены для обучения, а не для замены медицинского или терапевтического лечения. Рекомендуется выполнять эти упражнения в безопасных и спокойных условиях. В частности, важно не выполнять предложенные медитации во время вождения автомобиля или других видов деятельности, требующих полного внимания, чтобы избежать риска для личной безопасности и безопасности третьих лиц.

Содержание

Введение 1

В Поисках Скрытого Потенциала.......................................1

Сила Быть Самим Собой 2

Совместное Путешествие 3

Корни и Рост 8

Детство и Семья 8

Музыка и Рост 9

Стремления и Реальность 11

Позитивное Мышление 13

Тайные Гармонии 20

Между Музыкой и Компьютерной Наукой.................... 20

Работа и Устойчивость 27

Решения и Адаптация.. 29

Уроки Жизни 33

Искусство Ведения Бизнеса 37

Успех и Неудача 37

Радикальные Перемены 39

Между Роскошью и Размышлениями............................ 46

Переломный Момент... 49

Кризис, Осмысление и Возрождение 57

От Хаоса к Ясности 57

Сила Дыхания 58

Окна Мудрости 61

Интеграция Разума-Тела-Души 62

Шаманизм и Изобилие 67

Воссоединение с Самим Собой 67

Ученик Шамана 69

Ритуал 72

Вызовы и Откровения 78

Трансформационные Отношения 86

Шаман в Современном Мире 86

Внутренняя Ценность 89

Как Быть «Присутствующим» 92

Алхимия Связей 94

Личное Благополучие 102

Идентичность За Пределами Роли 102

Синергия Науки и Духа 104

Корни Бытия 106

Наблюдатели За Собой 107

Будущее Ценности 115

Баланс Между Духовным и Материальным 115

Процветание За Рамками Денег 116

Личная и Глобальная Устойчивость 119

Сознательное Создание Будущего 120

Библиографические Ссылки 126

Приложение: Присоединяйся К Путешествию! 130

Введение

В Поисках Скрытого Потенциала

Ты когда-нибудь чувствовал это едва уловимое беспричинное беспокойство, подозрение, что жизнь может предложить тебе еще больше, не зная, как тебе это получить? Возможно, в моменты спокойствия, ты предавался мечтам, представляя себе другую, более полную и богатую реальность. Ты когда-нибудь задумывался, существует ли секрет жизни в изобилии и в чем секрет наполняющих отношений, и если да, как его раскрыть? Эти вопросы, когда они находят отклик в глубинах нашей души, отправляют нас на путь открытий. Каждый шаг на этом пути приближает нас к той версии себя, к которой мы всегда стремились, к той, которой, возможно, мечтали стать в детстве. В процессе жизни, по причинам, о которых мы иногда забываем, мы утрачиваем эту связь с самим собой, погружаясь в «обязанности» повседневной жизни. Умение смеяться над собой и над маленькими ирониями, которые преподносит нам жизнь, может стать первым шагом к воссоединению с той частью нас, которая в глубине души всегда знала, что нам есть что открывать.

Сила Быть Самим Собой

Фраза «Нет ничего лучше, чем быть самим собой» впервые нашла во мне отклик в 11 лет, во время семейного и финансового кризиса, который отразился на моей успеваемости классической фразой: «У него интеллект выше среднего, но ему не хватает целеустремленности». Я не понимал, как мне удастся совместить свою сущность со школьными обязанностями, но решил освоить метод обучения. С помощью матери, но особенно - моей старшей сестры Мариаграции (в семье ее считали отличницей), я начал понимать, как глубже вникать в темы обучения и, в то же время, иметь возможность выражать свой собственный стиль. Мои воображаемые путешествия, в которых я играл в богатого и могущественного, но сострадательного человека, раздающего милостыню бедным (а я считал себя бедным или, по крайней мере, выходцем из НЕбогатой семьи), - подтолкнули меня к поиску того, чем я мог бы поделиться с миром. Кто-то назвал бы это «стремлением к величию», но внутри себя я чувствовал, что я нечто гораздо большее, чем то, что я мог выразить.

В тот момент, когда мне казалось, что все вокруг рушится, я открыл для себя простую, но революционную истину, которая определила всю мою дальнейшую жизнь.

Меня зовут Антонио Сиано, но меня не определяет одно только имя. Я называю себя серийным предпринимателем и современным шаманом. Я отец, сын, муж, брат, друг, музыкант и много чего другого. Здесь, в нашем общем пространстве, я воплощу эти абстрактные понятия в осязаемые принципы и практические инструменты. Я узнал, что могу быть кем угодно, не обязательно отождествляя себя с этим. И, несмотря на глубокие проблемы, с которыми мы столкнемся, не забывайте о силе улыбки: это тот инструмент, который я использую, чтобы легко смотреть в лицо жизни, и который, я надеюсь, заразит и вас!

Совместное Путешествие

Каждый из нас - путник в этом невероятном путешествии под названием жизнь, и ответы на свои вопросы ты сможешь найти здесь, на страницах этой книги. Независимо от твоей культуры, финансового положения или происхождения, «Современный шаман» приглашает тебя исследовать глубины твоей сущности и раскрыть неизведанный потенциал, который находится внутри тебя.

Эти слова - отправная точка нашего путешествия. Ты наконец-то сможешь найти ответы на вопросы, которые крутятся в твоей голове: «Что на самом деле означает быть собой?», «Как превратить трудности в возможности для роста?», «Возможно ли жить в изобилии и создать аутентичные, приносящие удовлетворение отношения?».

Погрузись вместе со мной в необыкновенное путешествие, вместе исследуя основы силы, изгибы молодости и уроки, которые я усвоил на этом пути. Каждая глава откроет окно в мою жизнь и, что еще более важно, отразит твою собственную, предлагая тебе ключ к раскрытию твоего скрытого потенциала.

В своей жизни мне посчастливилось встретить многих «Мастеров» - людей, которые неожиданным образом сформировали мою сущность, и я надеюсь, что ты тоже познакомишься с ними через мои рассказы. Этот путь познания начинается с моей семьи - моих родителей, братьев и сестер, каждый из которых оставил неизгладимый след в моем сердце и разуме. Но самым большим вдохновением для меня стала моя жена Росселла, которой я недавно подарил книгу Тимоти Феррисса «Племя наставников»[1], написав для нее в посвящении: «Ты для меня - самый главный Мастер».

Именно в моих сыновьях, Алессандро и Риккардо, я открыл для себя самых просветленных Мастеров. Через них, почти как через зеркало, я вижу себя и те области, в которых я могу совершенствоваться. Их ум, настойчивость и проницательность, которые намного превосходят мои собственные, не только вызывают восхищение, но и являются мощным стимулом для моего личного развития. Слушая, как они играют на фортепиано или гитаре, осознавая, насколько они талантливы, - и я говорю об этом с искренним восхищением, - это не только наполняет мое сердце гордостью, но и служит мне компасом, который направляет меня в постоянном стремлении стать их достойным спутником в путешествии. Уроки, которые я получаю от них каждый день, обогащают мою жизнь так, как я и предположить не мог, и я хочу поделиться некоторыми из этих драгоценных открытий на страницах этой книги.

---

[1]Ссылка в главе «Библиографические ссылки»

К этим словам признания и восхищения я добавляю глубокую благодарность за то, что родился в семье, которая дала мне крепкие корни и крылья для полета. Я выражаю эту благодарность своим родителям, братьям и сестрам, а также семьям, которые они создали, обогатив мою жизнь племянниками. Каждый член моей родной семьи, с их уникальными историями и общими уроками, был вдохновением и важной частью моего пути.

Моя благодарность также распространяется на семью моей жены: мою свояченицу, тещу и ее отца. Хотя наша встреча с ним была непродолжительной до его кончины много лет назад, она оставила прекрасный и неизгладимый след в моем сердце.

Спасибо за то, что вы - мой компас, моя надежная гавань и звезды, указывающие мне путь, обогащающие мое существование каждый день глубиной и смыслом, которые может предложить только семья. Присутствие каждого члена моей большой семьи в моей жизни - это бесценный дар, постоянный источник обучения, любви и радости. Я благодарен за каждое разделенное мгновение, каждую улыбку и каждый урок, полученный вместе с ними. Благодаря их примеру и руководству я научился важности родства, взаимной поддержки и безусловной любви.

Распознать Мастера в окружающих нас людях - первый шаг к познанию себя. Мы можем находить постоянное вдохновение в людях вокруг нас и в богатой истории человечества. Каждая встреча - это возможность для роста и размышлений, это путешествие к познанию того, кто мы есть на самом деле.

Я призываю тебя всегда держать эту книгу под рукой и обращаться к ней в разные моменты своей жизни, как учили меня. Каждый этап жизни несет в себе различные вызовы и возможности, и эта книга может стать ценным путеводителем на каждом этапе твоего пути, молчаливым спутником, который будет сопровождать тебя в путешествии по внутренним открытиям.

В конце каждой главы ты найдешь упражнения, обозначенные определенными кодами, которые были тщательно разработаны, чтобы направлять тебя. Коды меняются по мере твоего прогресса, они являются методом организации и представляют собой путешествие в глубины твоего подсознания, открывая те твои слои и аспекты, о существовании которых ты, возможно, даже не подозревал. Это своего рода энигма, где каждый код, который нужно расшифровать, является ключом к самому тайному месту, где хранится твоя истинная сущность.

Выполняй эти упражнения не менее 21 дня, записывая в дневник свои успехи и открытия. Это приглашение уделить время самому себе, напитать свою душу и возделать сад своего внутреннего мира. С каждой страницей и каждым упражнением у тебя будет возможность расти, развиваться, расцветать.

Ты увидишь, как шаг за шагом, ты начнешь открывать и исследовать новые горизонты своего бытия. Готов ли ты к этому приключению, готов ли ты открыть для себя аутентичность, изобилие и более глубокие отношения? Начни это путешествие вместе со мной.

Вместе мы пройдем по долинам и горам твоей души, обнаруживая скрытые сокровища и освещая забытые уголки твоего сердца. Мы узнаем, как превратить трудности в триумф, и как твой истинный потенциал может осветить каждый аспект твоей жизни, наполняя лучезарным светом каждый твой шаг.

Корни и Рост

«Все взрослые сначала были детьми, только мало кто из них об этом помнит»

~ Антуан де Сент-Экзюпери

Детство и Семья

Я родился в 1973 году в скромном доме в провинции Неаполь в Италии, окруженный семьей, полной любви, но отмеченной экономическими трудностями. Мое детство, хотя и не было легким, преподало мне ценные уроки, которые сформировали мою устойчивость и внутреннюю силу. Моя мать, Анна Мария, часто рассказывала о происхождении моего имени, и эта история всегда была захватывающей, благодаря ее необыкновенной способности вовлекать меня в свои рассказы. Изначально было принято решение назвать меня Фабрицио, но акушерка, узнав, что я буду одним из двух монозиготных близнецов со вторым неразвитым плодом, предложила назвать меня Антонио. Это был день празднования Святого Антония, и, по ее словам, я был похож на ангела этого Святого. История моего имени, выбранного так неожиданно, отражает непостижимую и мистическую природу жизни, которая всегда меня сопровождала.

Выросший в большой семье, я узнал о важности человеческих отношений и сочувствии. Несмотря на некоторые трудности со здоровьем и экономические трудности, я нашел убежище и средство самовыражения в музыке. Ранние навыки игры на гитаре, несмотря на мои крошечные пальчики, ознаменовали начало моего пути самовыражения и творчества. Страсть к музыке я унаследовал от своей матери, которая, будучи ребенком, училась игре на пианино. «Я уже много лет не прикасалась к клавишам, - сказала она мне однажды с тоскливой улыбкой, - но каждый раз, когда я слышу твою игру, музыка словно лечит меня, и я играю вместе с тобой». Хотя со временем она отказалась от мыслей об игре, через нас, детей, она вновь открыла для себя силу, даже целительную, музыки.

Музыка и Рост

Музыка была саундтреком ко многим событиям в моей семье. Мой первый старший брат Винченцо учил меня играть на гитаре, так как сам был отличным гитаристом. Я помню несколько вечеров, когда мы устраивали настоящие концерты, в которых принимал участие каждый ребенок: Винченцо играл на гитаре, ему аккомпанировал Лучио на бас, мои сестры Мариаграция и Даниэла гармонично пели, я, самый младший, исполнитель, часто также разыгрывающий сценки, чтобы рассмешить людей, и, наконец, мои родители: публика, которая платит за билеты.

Смех всегда был моим самым мощным оружием, потому что я быстро понял, что даже в самых сложных ситуациях хорошая шутка может хотя бы изменить взгляд на проблему. И по сей день я использую его даже в проектах, которые веду, как полезный инструмент, чтобы не относиться к себе слишком серьезно и, прежде всего, для изменения взгляда на проблему.

Чувствительность и способность воспринимать мир разными способами, как, например, когда я «разговаривал с ангелами», оказались для меня одновременно и благословением, и вызовом. Мне было 6 лет, когда я рассказал маме о своих способностях общаться с «ангелами дома». Она, женщина католической веры, сохраняя открытый подход к возможности подобных явлений, подвергла меня испытанию. «Хорошо, покажи мне». Я сосредоточился так сильно, что с помощью моего «друга-ангела» в гостиной зажегся свет. Моя мама, пораженная случившимся, воскликнула: «Никогда больше так не делай, опасно играть с этими силами!». Вскоре после этого в комнате моих родителей появилось новое присутствие: «Антонио, хватит, пообещай мне, что больше не будешь пытаться вступать в контакт с этими энергиями!».

С тех пор, и в течение определенного времени, я больше ничего не видел, я пытался сосредоточиться на чем-то другом, переключая свои детские мысли на другие вещи. Я не знал, что осваиваю способ мышления, который пригодится мне в дальнейшей жизни.

Стремления и Реальность

Взросление во времена лишений, когда употребление мяса на постоянной основе казалось недостижимой мечтой, научило меня устойчивости. Мои родители, несмотря на трудности, посвящали себя нашему росту, стараясь облегчить бремя финансовой ситуации. Эта реальность подтолкнула меня к тому, чтобы дать себе обещание: однажды я стану богатым, чтобы раз и навсегда избавиться от финансовых проблем. В детстве я играл в миллиардера, а Даниэла, моя любимая «близняшка», несмотря на разницу в возрасте, и, главным образом, моя подруга по играм, играла верную подчиненную, которая приходила ко мне за помощью. Даниэла обладала необыкновенной способностью вживаться в роль и убеждать меня в реальности своих просьб, до такой степени, что часто заставляла меня заливаться слезами, а потом смотрела на меня и оборачивала все в смех, напоминая, что это «все просто большое шоу». Даже сегодня мы продолжаем обсуждать серьезные темы с моментами чисто детского легкомыслия, сохраняя невероятную легкость.

Валентино, мой отец, наблюдал за нашей игрой, иногда так задумчиво, что я мог видеть проблески будущих разговоров. «Деньги зарабатывают только преступники, политики и все те, кто готов поступиться своими моральными принципами». По его мнению, только упорный труд гарантировал стабильную, безопасную и достойную жизнь. Уверен, что для него эти рекомендации были необходимы, чтобы заставить меня не стоять на месте, следовать к своей цели, не связываться с сомнительными людьми, но меня уже по природе своей не привлекала эта темная сторона, и я продолжал мечтать о благополучной жизни.

С другой стороны, город, в котором я жил, не слишком способствовал моим размышлениям: наличие организованной преступности было очевидным, она просачивалась во все сферы жизни. Отец научил меня защищать себя физически и справляться с ежедневными трудностями. В детстве, несмотря на то, что я не обладал бойцовским телосложением (я был довольно худым и тощим), мне приходилось работать над своим телом, пока я не достиг хороших результатов с помощью физических упражнений.

Я обнаружил, что дзюдо — идеальный вид спорта, в котором можно оценить дисциплину и, прежде всего, технику, которая сделала меня очень сильным. Мой учитель, Марио, был невероятным человеком; он и слышать не хотел о драках за пределами татами. С ним я научился преодолевать пределы физического сопротивления своего тела и понимать роль разума в противостоянии с соперником.

Тогда я не мог осознать, что то окружение заставляло меня научиться защищаться, но насилие вовсе не было частью моей сущности. Я научился, совершенно неправильно, быть жестким и непримиримым, я ввязывался в ненужные драки, я злился, не желая признавать источник этой злости. Только в зрелом возрасте я понял, с кем мне следовало примириться, и кого я должен был принять и полюбить без оговорок: себя как ребенка.

Позитивное Мышление

Этот опыт устойчивости и борьбы против трудностей, противостояния убеждениям моего отца и столкновения с реалиями родного города, - заложил основу для более глубокого понимания силы позитивного мышления. Благодаря концепциям, изложенным Норманом Винсентом Пилом в его книге «Сила позитивного мышления»[2], которую я перечитывал несколько раз, я узнал, например, как позитивный подход к жизни, даже в самых неблагоприятных обстоятельствах, может развивать устойчивость и оптимизм с самого раннего возраста. Я понял, что мои усилия по преодолению препятствий и защите моего детского «Я» на самом деле являются выражением позитивного подхода к жизни, который определит мое будущее.

Ты можешь подумать: «Антонио, неужели я должен выслушивать твои детские воспоминания? Мне и так есть с чем разбираться!». И я отвечу: конечно, да! Ведь в каждом анекдоте есть свой маленький урок, и если я могу заставить тебя улыбнуться, рассказывая о своем прошлом, то это уже двойной успех! Каждый из нас может использовать свой детский опыт, чтобы лучше понять, кем мы являемся сегодня. Первые годы жизни имеют решающее значение для развития устойчивости и мужества,

---

[2]Ссылка в главе «Библиографические ссылки»

необходимых для решения будущих проблем. Я приглашаю тебя поразмышлять о своем опыте взросления, чтобы найти силы и вдохновение даже в самые трудные моменты. Философия Пила об оптимизме и позитивности, которой я придерживаюсь во взрослой жизни, укрепила мою веру в то, что наше отношение к жизни может существенно повлиять на нашу реальность. На своем личном и профессиональном пути я неоднократно убеждался в этой истине. Оптимизм - это не просто философия, это мощный инструмент, способный изменить наши мысли, наши действия и, как следствие, наши жизни.

Оптимизм сопровождался еще одним девизом, который мой отец использовал для мотивации себя, но который он часто упоминал и в отношении меня: «Я хотел, всегда хотел, очень сильно хотел». Эту фразу, знаменитое произведение Витторио Альфьери[3], поэта и писателя XVIII века, мой отец часто повторял, чтобы придать мне сил в сложных ситуациях, подчеркивая, что когда человек действительно чего-то хочет, - а сегодня я бы добавил: и верит в это(!), - он может получить это одной лишь силой воли. Поскольку в подростковом возрасте у меня не было четкого представления о силе воли, я посвятил себя самообразованию, изучая принцип работы человеческого мозга.

На своем пути личного и профессионального роста я всегда высоко ценил важность нейропластичности - способности мозга реорганизовываться и адаптироваться в ответ на новый опыт. Эта концепция, которую я освещаю в своем курсе «Твое

---

[3]Ссылка в главе «Библиографические ссылки»

будущее сейчас», нашла яркое подтверждение во время одного из моих шаманских ретритов, особенно - в опыте с участницей по имени Марион.

Марион, королева тишины на нашем четырехдневном ретрите, была настолько сдержанной, что могла бы выиграть в прятки, даже не прячась. Каждый раз, когда я пытался заговорить с ней, это было похоже на попытку завязать разговор с мимом. Мы все видели ее внутренние баталии, которые она вела, прямо как я, когда пытался избежать употребления овощей, пряча их в тарелке сестры (без ее ведома!).

Когда мы подошли к последней сессии нашего ретрита, практике Эго-Трансценденции - практике, которую я разработал, вдохновившись нейропластичностью (да, той штукой, которая позволяет научиться пользоваться смартфоном, даже если вам уже за 30), я решил подвести Марион к пределу ее возможностей, попросив сыграть на гитаре. Она, с сопротивлением, достойным героя боевика, в конце концов, согласилась, как когда ты сдаешься и съедаешь последний кусок пиццы, даже если уже наелся. И когда она начала играть, мы словно стали свидетелями нейронного чуда: пробуждения старых увлечений, которые спали, как медведь в спячке. И кто бы мог подумать? Марион не только умела играть, она была настоящей рок-звездой! Возможно, в следующий раз я попрошу ее исполнить соло на гитаре, пожалуй, в костюме Элвиса.

Мы узнали, что в детстве Марион занималась музыкой, но потом повесила свою гитару, вероятно, вместе с мечтой стать рок-звездой. После выхода на пенсию вновь обретенная любовь к музыке стала для нее источником вдохновения.

И вот Марион показывает нам, что благодаря нейропластичности мы можем заново открыть в себе те части себя, которые считали утраченными, так же просто, как, например, вспомнить, где мы припарковали машину в переполненном торговом центре. Устойчивость и внутренняя сила, воспитанные с помощью нейропластичности, - это не просто личные качества, а дары, которыми мы можем поделиться и которым можем научить. С помощью курса, воркшопов и шаманских сеансов, моя цель - вдохновить других исследовать и оценить свой прошлый опыт, используя его как инструмент трансформации для формирования желанного будущего. Как ноты гитары резонируют в тихой комнате, так и наш прошлый опыт, сформированный нейропластичностью, может создавать гармонию в нашей жизни, превращая воспоминания в симфонию роста и устойчивости.

Чтобы закрепить концепции, рассмотренные на этих первых страницах, и воплотить их в жизнь через свой личный опыт, погрузись в упражнение, которое перенесет тебя в прошлое. А теперь, без лишних слов, я представляю тебе «Код времени: возвращение к ребенку» - твой билет в эмоциональное путешествие по переулкам памяти.

Код времени: снова стать детьми

Этот магический код отправит тебя в путешествие во времени, вернув в то время, когда ты был любопытным и удивляющимся ребенком. Благодаря этой необычной практике у тебя появится возможность восстановить особую связь со своим юным «Я», заново открыть для себя те ценные качества и чудесный опыт, которые помогли сформировать необыкновенную личность, которой ты стал сегодня.

Шаг 1. Подготовка

Найди удобное место: выбери свой любимый уголок в доме, где тебя никто не потревожит. Мягкая подушка, уютное кресло или даже кусок напольного покрытия отлично подойдут. Чтобы добавить дополнительный уровень релаксации, включи на заднем фоне спокойную, умиротворяющую музыку. Что-то легкое и не мешающее, например звуки природы или тихую музыку, которая поможет создать правильный настрой для твоего мысленного путешествия. Если ты чувствуешь себя особенно смелым, почему бы не построить шалаш из подушек, как в детстве? Переживи то чувство волшебства и любопытства!

Расслабление: закрой глаза и сделай пять глубоких вдохов. Медленно вдыхай через нос, а затем выдыхай через рот, как будто ты надуваешь и сдуваешь огромный воздушный шар. Представь, что с каждым вдохом уходит часть дневного стресса.

Шаг 2. Машина времени

Представь себе большой экран: с закрытыми глазами мысленно представь себе большой киноэкран. Это твой личный кинотеатр, поэтому не стесняйся добавлять личные детали - волшебный попкорн, кто-то сидит рядом с тобой?

Возьмите свой воображаемый пульт дистанционного управления: почувствуй, как он материализуется в твоей руке, дополненный сверкающими кнопками для путешествий во времени и памяти.

Шаг 3. Путешествие в прошлое

Нажми на кнопку «Назад»: нажми на кнопку перемотки назад на пульте дистанционного управления. Наблюдай за тем, как сцены из твоей жизни перематываются на экране в обратном порядке. Вернись в детство, когда ты преодолел какую-то серьезную трудность. Может быть, в тот день ты научился ездить на велосипеде без дополнительных колес, или построил самую высокую башню из кирпичиков.

Погрузись в воспоминания: теперь сосредоточь свое внимание на этом моменте. Можешь ли ты увидеть картинку более ярко? Услышать окружающие звуки? Может быть, почувствовать запах скошенной травы или ощутить вкус снэка после приключения?

Шаг 4. Исследуй и взаимодействуй

Кто с тобой: посмотри, кто находится с тобой в этот момент. Может быть, это твои родители, братья и сестры, или воображаемый друг, у которого отличное чувство юмора. Обрати внимание на то, как они взаимодействуют с тобой и как поддерживают тебя.

Почувствуй эмоции: позволь эмоциям этого момента охватить тебя. Почувствуй ощущение триумфа, радость невинности и гордость за то, что ты преодолел трудности.

Шаг 5. Вернись в настоящее

Вернись в «здесь и сейчас»: когда ты будешь готов, нажми на кнопку воспроизведения, чтобы вернуться в настоящее. Не стесняйся останавливаться по пути, чтобы насладиться новыми прекрасными воспоминаниями.

Постепенное возвращение: начни медленно шевелить пальцами рук и ног. Когда ты почувствуешь, что готов, открой глаза. Удели время выражению благодарности - одной из самых мощных вибраций - за пережитые воспоминания и за то, кем ты являешься сегодня, благодаря, в том числе, своему прошлому. Наконец, запиши свои переживания.

Помни, что это путешествие во времени - не просто путешествие по переулкам памяти, это шанс принять себя тем ребенком, которым ты был, осознав, какие необыкновенные качества ты сохранил в себе до сих пор. Это как встреча со старым другом - твоим детским «Я» - с воспоминаниями обо всех приключениях и уроках, полученных вместе.

Тайные Гармонии

«Учеба подобна свету, озаряющему тьму невежества, а знания, которые она дает, - это высшее достояние, потому что их не может отнять у нас даже самый искусный вор. Учеба - это оружие, которое уничтожает врага - невежество. Она также является лучшим другом, который проводит нас через все трудные времена»

~ Далай-лама

Между Музыкой и Компьютерной Наукой

Подростковый возраст - это период, когда определяются увлечения и таланты. Для меня это был период, когда музыка и информационные технологии стали не просто интересами, а настоящими точками опоры. Это было время вопросов без ответов и смелых мечтаний. В этом море неопределенности музыка и работа на компьютере стали моими компасами, которые вели меня сквозь бури юности. В ситуации, когда финансовые ограничения накладывали свои ограничения, решимость самостоятельно исследовать и развивать свои навыки стала желанным вызовом.

«Что ты хочешь на свой восемнадцатый день рождения, - спросили меня родители, - подержанную машину или синтезатор?». Ну, машина была бы очень кстати там, где я жил, но я не сомневался: «Синтезатор!». Он был олицетворением амбициозной мечты, которая билась в моем сердце. Каждый раз, когда я прикасался к клавишам, я ощущал чувство свободы и безграничных возможностей.

Я понимаю, что этот выбор стал решающим моментом на моем пути к независимости и самовыражению. Я разработал свой собственный метод игры на пианино и превратил это в бизнес, выступая на мероприятиях. Это был первый шаг в мир предпринимательства, а также метафора моего пути саморазвития. С каждой нотой я приближался к своему потенциалу, который есть в каждом из нас, и который может быть раскрыт с помощью энтузиазма и настойчивости.

В пиано-барах, особенно во время свадебных торжеств, я нашел место для своей музыки, а также сцену для наблюдения и изучения историй любви и жизни других людей.

На юге Италии существует древняя традиция, согласно которой в день свадьбы устраивается красивая вечеринка, которая может длиться целый день, с обильной едой, музыкой и, к сожалению, большим количеством алкоголя. Игра на свадьбах была, безусловно, коммерческим занятием, но также и опытом, который погружал меня в радость и празднование любви. Каждая свадьба была отдельной историей, новым набором эмоций, которые нужно было запечатлеть и выразить через музыку. Кроме того, я узнал, что значит быть «полезным» для других.

На одной из таких свадеб, проходившей в роскошно украшенном зале, где с потолков свисали гирлянды цветов, а мерцающие огоньки создавали почти сказочную атмосферу, маленький любопытный мальчик со щеками, которые смутили бы политика во время предвыборной кампании, решил, что настало его время дебютировать в мире музыки.

С уверенностью генерала, идущего в бой, его маленькое лицо озаряла озорная улыбка; он подошел к пианино и, не раздумывая - и не спрашивая разрешения, - начал нажимать на клавишу. Да, всего на одну клавишу. В результате получилась «мелодия», представляющая собой микс сигнала Морзе и авангардной пьесы. Он не был Моцартом, но у него точно была смелость льва!

Я хотел составить импровизированный дуэт с этим юным вундеркиндом, но он превратил единственную клавишу в объявление музыкальной войны. На каждую мою попытку вовлечь его в более сложное произведение он отвечал гордым взглядом, раскрасневшимися от эмоций щеками и фанатичной приверженностью своей клавише. «Динь-динь-динь».

Наконец, с улыбкой, скрывавшей мое внутреннее отчаяние, смесью восхищения его духом и тревоги из-за растущей неловкости, я вежливо попросил его уступить место профессиональному пианисту. Как он на это отреагировал? О, да это была шекспировская драма в миниатюре: слезы, обвиняющие взгляды и гости, заставившие меня почувствовать себя карикатурным злодеем.

После песни я подошел к столу маленького бунтаря, готовый к перемирию. Его глаза сияли вызовом, который только что начался. Рядом с ним сидел его отец, чьи дугообразные брови выдавали смесь раздражения и гордости.

Далее последовала сцена, достойная комедии. «Мой сын должен сыграть!», - приказал отец, произнося эти слова с угрожающей интонацией. Все, что мне оставалось, - это снова пригласить «вундеркинда» к пианино. «Хорошо, ставь пальцы сюда и играй со мной», - ответил я, пытаясь объяснить ребенку, что игра на одной ноте не является мелодией, но мои попытки оказались тщетными. После четверти часа объяснений, ответом стал вызывающий взгляд и упрямое нажатие одной и той же клавиши: непрерывное «динь-динь-динь».

К счастью, подошло время для тоста, и ребенка позвали обратно за стол. Поднимая бокал, я размышлял о причудливости этой ситуации, ее непреднамеренном юморе и жизненных уроках, скрытых в этих небольших моментах хаоса. После первого бокала отец предложил мне второй, что казалось неизбежным, но я, верный своей мантре об умеренности, вежливо отказался.

Реакция отца? «Пей!», - отругал он меня, раздосадованный моим отказом.

Я схватил стакан и сделал глоток; как раз в этот момент он отвлекся. Воспользовавшись моментом, я с кошачьей прытью вылил содержимое в горшок ближайшего растения. Отец, довольный, одарил меня радостной улыбкой. Как я понял со временем, искренний смех и теплая улыбка способны превратить напряженные моменты в воспоминания, которые останутся в памяти навсегда. И вот вечеринка продолжилась: со смехом, музыкой и маленьким виртуозом, который, ухмыляясь, вероятно, уже планировал свое следующее «выступление», или жертву! Еще одно доказательство того, что в жизни самые странные ситуации могут быть самыми запоминающимися и что хороший смех - лучшее лекарство.

Эта твердая решимость, уходящая корнями в наставления моих родителей, всегда удерживала меня от излишеств, являясь маяком, который направлял меня даже в самые мрачные моменты. Поэтому в моей жизни не было места ни запрещенным веществам, ни алкоголю. Или, возможно, правильнее будет сказать, что я мог выпить немного, но только до определенного момента, после которого мой желудок начинал бунтовать. В частности, перспектива потерять контроль над своим телом произвела на меня сильное впечатление.

Оглядываясь на прожитые годы, я понимаю, что каждая сыгранная мною нота была частью моего роста как музыканта и важным элементом в создании того, кем я являюсь сейчас, -

мозаикой опыта, формирующего мою сущность. Иногда это «динь-динь-динь» до сих пор звучит в моем сознании, вызывая приятную улыбку.

В моей семье произошел ряд значительных событий, ознаменовавших собой мой подростковый возраст, закрепивших мои увлечения и укоренивших их во мне еще глубже. Музыка и работа на компьютере, которые в то время находились еще в зачаточном состоянии, были не просто интересами, а окнами в новые и захватывающие миры.

Но было и нечто другое - опыт, выходящий за рамки осязаемого. В тихие ночи врожденная чувствительность позволяла мне «видеть» за пределами видимости. Эти ощущения были источником страха, но также и удивления, подталкивая меня к глубокому внутреннему поиску. Я хранил эту тайну, тяжелое бремя которой мне приходилось нести в одиночку, пока я не познакомился с бабушкой моей подруги, медиумом, известной своими необычными способностями. И вот настал день, когда я ее встретил.

Комната медиума была святилищем тайн. Стены были украшены старыми черно-белыми фотографиями и загадочными символами. В центре мерцала свеча, отбрасывая тени, которые, казалось, жили своей собственной жизнью. В воздухе витал сладковато-пряный аромат, навевающий образы далеких мест и древних времен.

«Мальчик, ты выглядишь так, будто увидел привидение!», - воскликнула бабушка с добродушной улыбкой, ее глаза сияли непостижимой мудростью. Я ответил нервным смешком. «Может и увидел», - сказал я тоненьким голоском.

«Проходи, садись», - сказала она, указывая на стул рядом со столом. Когда я сел, бабушка продолжила: «Души, знаешь ли, умеют давать о себе знать. Они подобны ветру, шепчущему через листья, или тени, проходящей в сумерках. Они проявляются только тогда, когда ты о них думаешь».

С расширенными от любопытства и страха глазами я внимательно слушал. «Но как я могу узнать, действительно ли со мной говорит душа, а не просто мое воображение?», - спросил я со смесью скептицизма и надежды.

И бабушка, с одной из тех улыбок, в которых, кажется, заключены столетия знаний, сказала мне: «Ах, мой юный друг, души говорят на языке сердца. Они не прячутся за словами, а раскрываются в чувствах, в интуиции, во снах. Ты почувствуешь разницу».

В тот день я покинул комнату медиума, имея больше вопросов, чем ответов. Но в глубине души я чувствовал, что что-то во мне изменилось. Я не сразу понял ее слова, но с годами начал понимать их истинный смысл.

Со временем я научился слушать тишину и понимать шепот ветра. Я понял, что каждая мысль, каждое вызванное воспоминание - это мост к тем душам, которые я считал потерянными. И на этом мосту, между видимым и невидимым, между прошлым и настоящим, я начал обретать чувство покоя и связи с окружающей меня Вселенной.

Эти переживания, поначалу путающие и путающие, со временем стали источником вдохновения и озарения. Каждая встреча с необъяснимым учила меня смотреть за пределы видимого, исследовать границы между реальным и воображаемым. Эти уроки повлияли на мой творческий подход в музыке, компьютерных технологиях и бизнесе, научив меня тому, что всегда есть нечто большее, чем кажется на первый взгляд.

Эта глава моей жизни, полная развития и испытаний, сыграла решающую роль в формировании человека, которым я стал. Она научила меня не бояться неизвестного, а принимать это как путь к новым осознаниям и возможностям.

Работа и Устойчивость

Каждое лето во время школьных каникул, в качестве своеобразного ритуала, я погружался в разные виды работ, чтобы накопить маленькое сокровище. Среди них неизгладимый след оставила работа спасателем в купальне. Помимо того, что этот опыт научил меня ответственности и заботе о других, он познакомил меня со многими аспектами человеческого взаимодействия. Я помню, как каждый день меня подстерегали трудности: от детей, которые играли слишком далеко от берега, до взрослых, которые часто недооценивали опасность моря. В такие моменты проверялась не только моя бдительность, но и способность эффективно общаться и сопереживать.

В этом контексте я учился распознавать и ценить маленькие радости повседневной жизни и «настоящего момента». Благодарная улыбка родителей после своевременного вмешательства или энтузиазм детей, которые учатся плавать, были бесценным вознаграждением. Эти моменты научили меня тому, что, несмотря на трудности, всегда есть место позитиву и благодарности.

Я отчетливо помню день, когда волны вздымались с необычайной силой, а молодой пловец, казалось, боролся с их яростью. Чтобы справиться с этой ужасающей ситуацией, я призвал дух Митча из «Спасателей Малибу», который овладел мной. Я уже представлял себе эпический саундтрек в качестве фона, пока, подражая его культовому замедленному спринту, направлялся к воде со спасательным жилетом в руках. Но он оказался непропорционально большим и настолько громоздким, что я едва не споткнулся об него. Когда я приблизился к мальчику, то обнаружил, что все, что ему нужно было для спасения, - это просто встать. Однако с порывом, достойным самого мелодраматического спасения, я вытащил его на берег, дыша с укором героя, который никогда не теряет самообладания. Не успокаиваясь, я продолжил этап реанимации, который был явно лишним. Еще один урок был усвоен: теперь я знал, как пережить момент сильного страха, сохранять ясность мышления в стрессовых ситуациях, и быть полезным другим, - и как важно при этом уметь смеяться над собой, сталкиваясь с абсурдным театром жизни.

Эти заработки приносили удовольствие, но я также хотел облегчить бремя своих родителей. В то же время, я стал лучше понимать ценность денег и работы. С годами этот опыт заставил меня еще больше ценить самоотверженность и стремление моих родителей.

Однако самым большим испытанием стало искушение легкими деньгами. Это было испытание не только на честность, но и на самоанализ. Однажды вечером, когда я обсуждал с друзьями, как повысить свой доход, один из них предложил «сделку», которая гарантировала немедленный заработок. Я задумался не только о возможных последствиях, но и о ценностях, которые передали мне мои родители. Я спросил себя: «Таким человеком я хочу стать?». Решение отказаться от этого предложения было не просто отказом от короткого пути, а важным шагом в определении того, кем я был и кем хочу стать.

Наблюдение за тем, как друзья выбирают опасные пути, глубоко затронуло меня, заставив задуматься о мотивах такого выбора и своей роли в обществе. Это осознание укрепило во мне решимость следовать по пути, основанному на принципах честности и ответственности. Этот опыт повлиял не только на мой непосредственный выбор, но и на мой взгляд на жизнь в целом, научив меня тому, что устойчивость иногда требует мужества сказать «нет», чтобы защитить свои ценности и ценности общества.

Решения и Адаптация

Сначала я учился в университете компьютерной инженерии, но не смог его закончить из-за растущих финансовых потребностей и стремления к независимости. С пустыми карманами, но с умом, полным идей, я посвятил себя созданию новых инициатив, всегда соблюдая закон. Этот опыт научил меня ценности веры в собственные силы и важности творческого мышления при столкновении с трудностями.

Мои родители никогда не пренебрегали моими основными потребностями, такими как еда, плата за обучение и одежда. К сожалению, среди этих потребностей возникла привычка курить, которая началась во время подросткового бунта в шестнадцать лет. Тогда первая сигарета стала постоянным спутником, безмолвной тенью, которая следовала за каждым моим шагом. Курение - это настоящая зависимость, которая требует осознания и усилий для ее преодоления. Борьба за освобождение от этой зависимости, которая произошла всего двадцать лет спустя, была битвой воли, танцем между желанием и решимостью.

Юношеские испытания, включая паранормальные явления и тень организованной преступности, потребовали от меня выработки устойчивости и способности к адаптации, которые оказались незаменимыми в моей жизни, как личной, так и профессиональной. Эти эпизоды научили меня оставаться открытым для неординарных возможностей и исследовать границы обычного, но самое главное - прислушиваться к своему внутреннему голосу и доверять своему восприятию.

Хотя я не завершил свое образование в области компьютерной инженерии, фундамент, который я получил в процессе обучения, заложил основу для моего самостоятельного развития. Это была незаконченная глава, но полная уроков, которые подготовили меня к предстоящим вызовам предпринимательства.

У меня есть особое послание для тех, кто ищет мудрости и вдохновения: стремясь к своей мечте, не забывайте о важности официального образования. Академическое образование закладывает основы методологии, без которой всегда будет трудно усваивать новые понятия, как в детстве, когда я не мог выразить себя. Это основа успеха, трамплин для самообразования и развития личности. Хотя я не закончил бакалавриат, фундамент, который я приобрел за это время, был очень важен для моего пути самообразования. Например, основы логики и математики, полученные в университете, помогли мне разработать методологический подход для моих предпринимательских проектов.

Многие успешные предприниматели и лидеры выделяют значительную часть своего заработка и времени постоянному обогащению своих знаний. Это происходит с помощью курсов, наставничества, шаманских ретритов, вебинаров и различных форм самообучения.

Делясь своим опытом, я надеюсь вдохновить не только юных читателей, но и всех тех, кто смело идет навстречу своим увлечениям. Я призываю их верить в свои уникальные способности и рассматривать каждое препятствие как ценную возможность учиться и расти.

В блестящем мире социальных сетей истории успеха часто преподносятся с ореолом легкости и непосредственности. Блестящие изложения рисуют картину триумфа без усилий, где каждый успех, кажется, достигается простым нажатием кнопки.

Однако такое повествование оставляет в тени самую глубокую правду: путь к успеху усеян самоотверженностью, настойчивостью, постоянной приверженностью, но прежде всего - верой в свои мечты и смелостью следовать им.

Многое из того, что воспринимается как «мгновенный успех», на самом деле скрывает бесчисленные часы невидимой работы: бессонные ночи, самообучение, поражения, моменты сомнений и неуверенности. Эти основополагающие аспекты пути к достижению целей редко освещаются в историях, рассказываемых в социальных сетях.

В наш цифровой век, когда видимое может преобладать над сутью, очень важно понимать, что успех не достигается внезапно, что достижение успеха - это постепенный процесс. Такой взгляд заставляет нас заглянуть за глянцевые фасады социальных сетей, оценивая путешествие и аутентичную решимость, стоящие за каждой историей успеха, независимо от ее публичного признания.

Осознание того, что универсальное знание доступно каждому, но знание того, как получить к нему доступ, является привилегией немногих, представляет собой принцип, который постоянно освещает мой путь. Бенджамин Франклин однажды сказал: «Инвестиции в знания платят лучшие дивиденды». Эти слова нашли отклик во мне, побудив вкладывать средства в возделывание моего сада знаний не только для себя, но и для того, чтобы поделиться его плодами с другими.

Уроки Жизни

Что ж, ты все еще со мной? Вот и отлично! А теперь угадай, что дальше? После детства и юности наступает следующий этап? Правильно, взрослая жизнь! Но не убегай, я не просто так рассказываю фильм о своей жизни. В моем безумии есть смысл, обещаю! Возможно, ты уже задаешься вопросом: «Неужели мне действительно нужно слушать всю эту историю? Разве мне не достаточно своих проблем?». И я отвечу: «Безусловно, да, потому что иногда в чужих историях мы находим идеи для решения своих собственных проблем!».

Давай вместе посмотрим, как готовятся мысли на кухне разума. Почему ты думаешь так, как думаешь? Откуда берутся те гениальные или не очень идеи, которые роятся в твоей голове? Сейчас мы откроем кастрюлю и узнаем секретный рецепт!

Код воссоединения: твои увлечения

Эй, помнишь Марион? Ту, которая снова взяла в руки гитару и почувствовала себя рок-звездой на пенсии? Верно, мы собираемся сделать нечто подобное. Но на этот раз давай вернемся в наши подростковые годы. Да, в те дни исследований, первых влюбленностей и громкой музыки. Прежде чем погрузиться в наше подростковое прошлое, давай немного поразмышляем. Нейронаука говорит нам о том, что пережитые эмоции и опыт могут активировать участки мозга, связанные с творчеством и радостью. Это происходит потому, что в подростковом возрасте наши эмоциональные и сенсорные переживания особенно интенсивны и формируются, создавая прочные и долговременные нейронные связи[4]. Переживать эти подростковые эмоции весело, а еще они могут оживить творческое мышление, вернув тебя к тем частям себя, о которых ты, возможно, забыл. Так что, даже если это кажется немного безумным, погрузись в это упражнение с уверенностью, что ты делаешь что-то хорошее для своего мозга и своего духа. Ты готов снова пережить подростковый возраст и пробудить в себе подростка?

Шаг 1. Пробуждение подростка

- Найди свой тайный уголок, место, где ты прячешься, чтобы послушать музыку или помечтать.

- Возьми свой дневник - да, старый добрый дневник, а не приложение на смартфоне!

Шаг 2. Подростковые воспоминания

- Закрой глаза, надень наушники (если хочешь) и позволь музыке твоих «подростковых» лет перенести тебя в прошлое.

- Подумай о том, что ты любил в подростковом возрасте. Комиксы, видеоигры, музыкальные группы, странные хобби, которые были понятны только тебе.

Шаг 3. Изучи «ретро»

- Теперь открой свой дневник и запиши все, что пришло тебе в голову о своем подростковом возрасте. Давай, как в те бессонные ночи, проведенные за записью мыслей и мечтаний.

---

[4]Ссылка в главе «Библиографические ссылки»

Шаг 4. Открой для себя «эпик» заново

- Выбери одно из своих увлечений. Что-то, что заставило бы тебя почувствовать себя уникальным, бунтарем или просто счастливчиком.

- Запланируй «эпическую» активность, чтобы заново пережить это увлечение. Например, сыграть на старой гитаре, нарисовать, как художник манга, или сделать трюк на скейтборде.

Шаг 5. Действуй «как подросток»

- Возьми на себя обязательство сделать это как подросток. Отложи на время свою взрослую сторону и освободи место для простого наслаждения.

- Каждый раз, когда ты выполняешь это задание, записывай в дневник свои ощущения. Да, точно так же, как ты делал это в подростковом возрасте.

Шаг 6. Подведи итоги «круто»

- Через несколько недель перечитай свой дневник и задумайся: как это возвращение к истокам изменило тебя?

- Подумай, как ты можешь интегрировать это «подростковое» увлечение в свою взрослую жизнь. Возможно, найдется что-то, чему подросток в тебе может научить сегодняшнего взрослого.

Это упражнение - одновременно и способ заново открыть для себя старые увлечения, и приглашение на время отпустить обязанности и вновь обрести легкомыслие и любопытство, свойственные подростковому возрасту. Как продемонстрировала Марион, возвращение к старым увлечениям может открыть новые двери и наполнить энергией нашу повседневную жизнь.

Искусство Ведения Бизнеса

«Падение - не неудача. Неудача - это остаться там,

где ты упал»

~ Сократ

Успех и Неудача

На пути к предпринимательству я обнаружил, что каждый шаг, будь то триумф или препятствие, является важнейшей нотой в симфонии карьеры. Как в музыкальной композиции, где гармонии переплетаются с диссонансами, создавая завораживающую мелодию, мой предпринимательский путь оказался соткан из успехов и неудач. Этот опыт, полный извлеченных уроков, сформировал понимание того, как важно быть гибким, разумно оценивать риски и проявлять устойчивость в динамичном мире бизнеса. Эта глава - не просто хроника событий, а интимный дневник драгоценных уроков, свидетельство того, как каждая неудача, подобно фальшивой ноте, может быть отслежена и превращена в гармоничную симфонию роста и успеха.

Мои предпринимательские приключения начались в возрасте двадцати двух лет, когда, движимый страстью к музыке и искусству развлечений, я основал свой первый бизнес – посредническое агентство в сфере развлечений. Вдохновением послужили мои музыкальные выступления, которые позволили мне увидеть множество граней вселенной развлечений. Подобно игре «Тетрис», компания быстро развивалась, добавляя новые кусочки к головоломке: от детских развлечений, шоу фокусников и клоунов до предоставления моделей (мужчин и женщин) для мероприятий в ночных клубах.

Мы с партнером были похожи на двух музыкантов, играющих в идеальной гармонии; каждый наш шаг казался правильным, и компания процветала благодаря этой синергии. Однако, как и в любой интересной истории, произошел неожиданный поворот. Возник ряд неожиданных проблем, которые вынудили нас закрыть двери этого многообещающего предприятия. Это было время для размышлений, подобное паузе в музыкальном произведении, знаменующее конец главы и начало нового движения.

В этой главе я делюсь с вами не только хроникой этих событий, но и ценными уроками, которые я извлек из них. Я понял, что предпринимательство требует умения адаптироваться и превращать препятствия в возможности, подобно тому, как художник находит новые пути самовыражения в условиях неожиданных ограничений. Такой подход к бизнесу, сочетающий в себе креативность, стратегию и щепотку смелости, стал центральным элементом каждого моего нового начинания.

Итак, я приглашаю тебя вместе со мной окунуться в этот опыт, чтобы вместе узнать, как трудности могут превратиться в ценные уроки, подобно тому, как диссонирующие ноты в симфонии могут обогатить ее общую красоту.

Радикальные Перемены

Я решил кардинально изменить ситуацию и переехал в Милан, на север Италии, в поисках новых вызовов и возможностей в мире развивающихся отраслей. До этого момента я мало путешествовал. Поэтому поездка на расстояние около 800 км показалась мне путешествием в другой мир.

Поначалу я чувствовал себя, как эмигранты из южной Италии начала XX века в Америке, но на самом деле я находился всего в нескольких часах езды от нее. Все казалось мне таким другим и новым. Новая манера говорить, новый способ пить кофе, разные продукты (раньше разрыв между регионами был гораздо заметнее). Однако все это завораживало меня, я совсем не боялся, в том числе и потому, что постоянно думал: «Если я выжил в своем городе, то и здесь смогу устроить настоящую сенсацию!».

В этот период Лучио, мой второй старший брат, предложил мне временно поселиться в его доме недалеко от Милана, где он жил со своей семьей. Эти шесть месяцев стали важным периодом не только для нашего большего сплочения и, в конечном счете, лучшего понимания моего брата, но и потому, что между мной и моими любимыми племянниками возникла нерушимая связь, отношения, которые продолжает сиять так же ярко даже с годами.

Открытие своего сердца изменениям способно привести к неожиданным встречам, превращающим повседневную жизнь в нечто волшебно необычное. В этот переходный период, когда каждый день был шагом навстречу неизвестности, я почти случайно нашел попутчицу, с которой уже встречался в беззаботные дни юности. Это была девушка, живущая в городе в двух часах езды от меня, знакомое лицо в море новых начал.

Словно ведомая звездами, эта девушка нашла работу в известной компании и переехала в Милан. Ее судьба, казалось, сама прокладывала ей путь, чтобы наши пути снова пересеклись. Даже сегодня я улыбаюсь, вспоминая те первые дни вместе с Росселлой, девушкой, которая из гостьи в моей жизни превратилась в мою спутницу на всю жизнь. Я часто шучу с ней, говоря, что с того дня, как она вошла в мой дом, она завладела моим сердцем и никогда не покидала его.

С того дня Росселла стала не только моей любимой женой, но и родственной душой, с которой я делил каждое приключение, каждый вызов и каждую радость. Вместе мы соткали паутину драгоценных воспоминаний, прожив жизнь, наполненную незабываемыми моментами. Наша связь росла и крепла с годами, доказывая, что иногда самая настоящая и глубокая любовь рождается неожиданно и укореняется в самой ткани нашего существования.

На пути к успеху моя карьера развивалась в революционной для того времени сфере - мире цифровых копировальных аппаратов. Роль торгового представителя в дилерском центре была не просто работой, а стартовой площадкой для моего стремления к совершенству. Изголодавшийся по успеху, горевшему во мне, я погрузился в неустанную учебу, решив стать непревзойденным специалистом по общению и маркетологом. Ключевое решение? Знать свой продукт во всех его деталях. Это была не просто стратегия, а философия: знание - сила, и эта сила превращает проблемы в возможности.

Но на этом я не остановился. Я смело начал записывать свой голос во время продаж, анализируя каждое слово, каждую паузу, каждый ответ. Этот самоанализ был не упражнением в тщеславии, а путешествием самопознания: я учился на своих ошибках и использовал свои сильные стороны. И каков был результат? Награды, признание и долгосрочный контракт с материнской компанией. Это был плод не только целеустремленности, но и желания постоянно расти и совершенствоваться.

Работа менеджером по работе с агентами по франчайзингу стала следующей главой в моей истории. В этой роли у меня была возможность формировать будущее других людей, прививать искусство продаж, зажигать искру страсти и стремления в тех, кто был готов слушать. А затем, в качестве еще более серьезного шага, я стал тренером по продажам в престижной внутренней академии транснациональной корпорации. Используя отточенные на себе приемы, я начал воспитывать новые таланты, развивая их навыки общения, формирования интереса и управления командой.

История каждого человека - это не только его личное путешествие, но и маяк для вдохновения, мощное напоминание о том, что смелость в принятии изменений может изменить нашу реальность. Моя постоянно развивающаяся карьера заставляла меня брать на себя все более важные роли, заставляя расширять горизонты и выходить за рамки своих возможностей. Однажды на этом пути в мою дверь постучалась неожиданная возможность: предложение от владельца дилерских центров, с которыми я работал, очарованного моим инновационным видением, создать онлайн-портал для продажи корпоративных канцелярских товаров.

Это было лишь начало новой главы, поворотный момент, который привел меня к осознанию необходимости приобретения более продвинутых управленческих навыков, которые я обрел в условиях хорошо структурированных компаний. Возвращение к роли сотрудника в компании, предоставляющей ИТ-услуги, было не шагом назад, а скачком вперед на пути моего роста. Переход от продажи продуктов к продаже услуг не был простым, это стало для меня откровением. Продажа продукта осязаема и непосредственна, а продажа услуги? Это продажа видения, мечты, которую клиент получит в реальности через некоторое время. И в этом я научился искусству построения доверия и донесения нематериальной ценности того, что мы предлагаем.

Вскоре после этого мне представилась возможность познакомиться с топ-менеджером транснациональной компании, и с этого момента мне было доверено управление целым подразделением. В это подразделение входила команда из 300 человек, предоставляющих услуги входящих и исходящих вызовов в колл-центре предприятиям. Хотя тогда мне было всего двадцать девять лет, этот опыт стал для меня не только вызовом, но и важным жизненным тренингом, который подготовил меня к самому смелому шагу в моей карьере - созданию собственного колл-центра.

Смелость. Это была искра, которая зажгла огонь моего бизнеса. Это было смелое решение, принятое в решающий момент, которое доказало, что страх - это не препятствие, а ступенька к успеху. Каждый шаг на этом пути укреплял мою веру в то, что независимо от того, с чего ты начинаешь, твоя решимость и способность адаптироваться являются ключом к раскрытию невообразимого потенциала. Твоя история - это твоя сила. Используй каждый опыт, каждую преодоленную трудность как шаг к осуществлению своей мечты. Ты - капитан своего корабля, и тебя ждет океан успеха.

Чтобы сократить расходы, я решил перенести часть колл-центра в Молдову, учитывая легкость общения из-за лексического сходства. Я помню свою первую поездку в столицу Молдовы –

Кишинев, приключение, начавшееся с полета на двухмоторном самолете, который тикал чаще, чем вышедшие на пенсию швейцарские часы. Воздушное сообщение, которое проходило через Румынию, славилось тем, что его надежность была ниже, чем надежность летней погоды в Англии. Сидя в аэропорту «Тимишоара», окруженные пейзажем, похожим на большой торт со снежной глазурью, мы шесть часов ждали вылета. И когда я говорю «снег», я имею в виду настоящий снег, а не тот, которым посыпают рождественские сладости.

Наконец, мы отправились в полет на двухмоторном самолете, который, казалось, испытывал такое же желание летать, как я - бежать марафон. И, должно быть, чтобы придать путешествию сюрреалистичности, я получил особенного попутчика в полете. Нет, я говорю не о знаменитости или известном влиятельном человеке, а… о курице. Да, просто о курице, в маленькой клетке, поставленной на соседствующее с моим, кресло. Время от времени она смотрела на меня так, что во всем ее взгляде читалось: «Ты тоже, да? Ты тоже предпочел бы быть где-нибудь в другом месте». Должен признать, что ее неожиданное присутствие превратило этот полет в незапланированную комедию. Каждый раз, когда двухмоторный самолет кренился, и наш «перистый экипаж» комментировал это возмущенным кудахтаньем, я не мог перестать смеяться.

Оглядываясь назад, могу сказать, что эта курица была, пожалуй, лучшим попутчиком в моей жизни. По крайней мере, она не занимала подлокотник и не болтала без умолку о своей последней поездке в тропики. И, самое главное, она научила меня, что иногда, даже в самых странных и стрессовых ситуациях, хорошая порция юмора может превратить потенциально страшный опыт в анекдот, который можно будет рассказывать годами.

Прибыв в столицу Молдовы, я оказался погружен в море возможностей и неизвестности. Пока я бродил по еще голым офисам, мой разум бешено работал, пытаясь придать форму проекту, который я задумал. Каждое собеседование с сотрудниками, каждое решение по поводу офисного помещения, каждый выбор необходимого оборудования казались мне кусочками большого пазла, который я тщательно собирал.

Шли дни, и эксперимент стал реальностью. Было удивительно наблюдать, как быстро люди впитывали и интерпретировали сценарии, которые мы подготовили на безупречном итальянском языке. Такая быстрая обучаемость и преданность делу подтвердили не только мое чутье, но и нераскрытый потенциал этих людей. Удовлетворение от того, что проект развивается, было настолько заметным, что вскоре открылись новые двери двух офисов, одного - в Милане, а другого, что любопытно, прямо в моем родном городе – в Неаполе.

Однако именно тогда, когда казалось, что все идет по плану, судьба приготовила для меня еще один неожиданный поворот. Успех, который я едва почувствовал, оказался эфемерным. Мой партнер, с которым я разделял не только энтузиазм, но и вызовы организации, решил продать филиал компании, который был больше его. Этот неожиданный шаг поставил под вопрос будущее всего, что мы построили вместе.

Однако в этом вихре событий произошел решающий переломный момент. Именно в этот период неопределенности и размышлений я встретился с людьми, которые сыграли основополагающую и решающую роль в формировании моего будущего. Эта встреча ознаменовала начало нового приключения, которое стало одним из моих самых больших успехов.

Между Роскошью и Размышлениями

В то же время я основал небольшую компанию, целью которой было налаживание связей между европейскими и китайскими компаниями. Все это происходило в первые дни существования Alibaba, когда платформа еще не была хорошо известна в Европе. Я занялся поставками отдельных товаров. Компании обращались ко мне с запросами на уникальные товары, например на особый вид болтов, которые было несложно производить, но дорого делать это в Европе. Они присылали мне детали проекта, и через сеть профессиональных контактов я отправлял их на производственные предприятия в Китай. Как только продукт был изготовлен, я импортировал его для своего клиента. Я также привлекал сторонние компании для мониторинга процесса контроля качества, логистики и многого другого. Этот опыт дал мне множество знаний о производственных процессах, импорте продукции из Азии и многом другом.

Однажды друг, с которым мы до сих пор обмениваемся глубокими и искренними сообщениями, сообщил мне, что один из его клиентов, важный игрок в энергетическом секторе, продающий электроэнергию предприятиям и частным лицам, хочет провести кампанию по продвижению энергоэффективности в использовании электроэнергии. Они планировали подарить своим клиентам две энергосберегающие лампочки, поскольку светодиодное освещение еще не было широко распространено, а эти лампочки значительно превосходили традиционные лампы с вольфрамовой нитью. Мне потребовалось около года, чтобы найти подходящего поставщика с подходящими ценами. Благодаря этому я впервые достиг оборота в один миллион евро. В течение следующих двух лет оборот значительно вырос.

Вместе с тем, этот успех открыл мне глаза на мир электричества, в частности, на возможность увеличения спроса на возобновляемые источники энергии. Идея совместить бизнес с чем-то действительно полезным для планеты всегда восхищала меня. Зарабатывать деньги и одновременно вносить вклад в общее благо! Да, потому что я был и остаюсь убежденным в том, что переход на все менее загрязняющие окружающую среду источники электроэнергии представляет собой истинный путь к устойчивому сосуществованию с Матерью-Землей.

«Если хочешь идти быстро - иди один, если хочешь идти далеко - идите вместе», - гласит древняя африканская пословица, и я нашел в Массимо идеального партнера для того, чтобы идти очень далеко. Взаимодополняющие характеры - сколько терпения было у него ко мне, а у меня к нему, - связанные глубокой братской привязанностью, мы вместе основали компанию, целью которой было привлечение инвестиционных фондов и крупных потребителей, предлагающую услуги по проектированию и управлению процессом получения разрешений на установку крупных фотоэлектрических установок (коммунального масштаба). В связи с огромным спросом в то время, мы превратились в генерального подрядчика полного цикла, то есть начали строить эти установки самостоятельно. Мы быстро расширялись и открыли офисы в нескольких европейских странах и даже в США, открыв офис в Филадельфии. Мы достигли максимального оборота - более 50 миллионов евро в год, а наша первоначальная команда из трех сотрудников выросла до 700 человек. Это был напряженный период, и я впервые попал в мир «роскоши».

Я жил именно так, как мечтал в детстве: роскошный дом, престижные машины (иногда даже с шофером!), отпуск в местах с открыток. Мне было под сорок, и я жил жизнью миллионера, хотя и не накапливал такого же богатства. Я чувствовал, как внутри меня нарастает голос, мягкий, но настойчивый, напоминающий мне о том, какой ценой все это достается. Бесконечные часы работы, переносная аптечка в портфеле и удушающее осознание того, что я упускаю драгоценные моменты общения с любимыми людьми. Мои дети росли, а меня не было рядом.

В тот период я понял, что настоящая роскошь заключается не в материальных предметах, а в моментах, которые нам есть с кем разделить - в семейном смехе, в тепле дома, полного любви. Это осознание потрясло мой мир, поставив меня на распутье: я мог продолжать идти по устланной золотом дороге или найти путь, который позволит мне по-настоящему присутствовать в жизни людей, которые мне наиболее дороги. Это было мое глубочайшее размышление, которое ознаменовало как мой профессиональный успех, так и мое внутреннее путешествие к более сбалансированной и аутентичной жизни.

Переломный Момент

Переломный момент пришел как гром среди ясного неба в возрасте тридцати семи лет. Я только вернулся из отпуска, и, в момент кажущегося спокойствия, меня поразил микроинсульт. Это событие, хотя и не привело к серьезным физическим последствиям, стало тревожным сигналом, который громким эхом отозвался в моем разуме и сердце. Я столкнулся с неизбежной истиной: путь, по которому я шел, не был прочным. Вдохновленный безусловной любовью и чистотой двух моих маленьких сокровищ - сыновей одного и двух лет, я нашел в себе силы и мужество бросить курить, чего я добился с первой попытки со всем своим личным опытом, и, возможно, тем, что однажды станет темой для другого повествования.

Но по-настоящему решающий момент, глубоко затронувший мой дух и душу, наступил после смерти моей матери.

Когда я прощался с ней, находясь рядом с ней на последнем издыхании, я услышал знакомый звук. Он был таким же, как и тогда, когда годами ранее мои дети 2008 и 2009 годов рождения увидели свет. В их первом вздохе была особая мелодия, нота, которую мой музыкальный слух никогда не забудет. Спустя годы, услышав ее снова в последнем вздохе моей матери, я понял, что жизнь и смерть - это как две ноты одной мелодии, вечный цикл, объединяющий всех нас. Эта гармония проникла в мою сущность и подтолкнула меня к поиску более аутентичной жизни.

В день похорон моей матери моя жена рассказала мне об удивительном совпадении. Во время перелета ко мне она случайно обнаружила, а случайности не случайны, что сидит рядом с несколькими менеджерами из моей компании, которые тоже летели на прощание. Между собой они обсуждали возможные финансовые проблемы, которые, по их мнению, компания должна была решить, высказывая важные опасения, которыми они не поделились со мной напрямую.

Эта случайная встреча стала для меня знаком, предупреждением от Вселенной, которое дало мне понять, что нас, возможно, ожидает серьезный финансовый кризис. Поэтому я решил взять инициативу в свои руки, реструктурировать компанию и инвестировать в сектор крупномасштабных фотоэлектрических систем. План оказался плодотворным, но не настолько, чтобы защитить нас от одного из самых непредсказуемых событий в бизнесе: радикальных и имеющих обратную силу, изменений в законодательстве страны. Выбор в области энергетической политики привел к обвалу стоимости установок. Клиенты перестали платить, и в 2013 году наша компания подала заявление о банкротстве.

Это было головокружительное и внезапное падение, - меньше чем за год все, что я построил, исчезло, как снег на солнце. Я оказался без гроша в кармане, чувствовал себя потерянным, напуганным и полным злобы на весь мир. В то время я достиг самой низкой точки своего существования и даже всерьез подумывал о том, чтобы покончить с жизнью. Однако именно в глубине этого отчаяния я понял одну фундаментальную истину: я не желал смерти, но отчаянно жаждал жить подлинной жизнью, той жизнью, которую я потерял среди иллюзий материального успеха.

Хотя я был опустошен поражением, я понимал, что должен встретить это испытание во всеоружии. Мои отношения с женой были на грани. Я постоянно жил в нервозности, неуверенности и неспособности ясно видеть происходящее.

В период процветания я был полностью сосредоточен на деньгах и власти, убежденный, что могу подчинить мир своей воле. Этот эгоизм закрыл дверь к моим эмоциям и душе, которые поддерживали мои предпринимательские успехи.

Итак, что же я решил сделать?

Прежде чем мы продолжим, я хочу поделиться с тобой личным посланием из глубин моего сердца, которое, я надеюсь, найдет отклик в твоем сердце. Помни, что дорога к успеху усеяна трудностями и неудачами, но именно в этих труднопроходимых местах скрыты самые ценные уроки жизни. Представь себе разговор с научным исследователем: он знает, что из тысячи экспериментов, возможно, только один приведет к революционному открытию. И все же он никогда не сдается, потому что каждая неудачная попытка - это еще один шаг на пути к знанию. В этом ключе я хочу вдохновить предпринимателя внутри каждого из нас - каждую трудность важно воспринимать как ступеньку на пути к личностному и профессиональному росту. Каждое препятствие - это уникальная возможность приобрести новые навыки, расширить свое видение и, в конечном итоге, стать мудрее, искуснее и выносливее, чем раньше.

Эта дорога, усеянная препятствиями и триумфами, - не просто путешествие, а духовное паломничество, которое все мы совершаем. Это путешествие, призывающее нас прислушаться к своему внутреннему голосу, который напоминает нам о том, кто мы есть на самом деле, за внешностью и титулами. Оно требует смелости, решимости и открытого разума, чтобы не только учиться на опыте, получаемом извне, но и прислушиваться к безмолвным урокам нашего духа. Есть фраза, происхождение которой я не помню, но она всегда находит отклик в моем сознании: «Думай масштабно, и ты станешь масштабным!». И это больше, чем мантра; это призыв воссоединиться с нашей истинной сущностью, той частью нас, которая знает, что нет границ того, что мы можем достичь. Этот путь - приглашение не ограничивать свое видение, быть смелым, мечтать, выходя за границы возможного, упорно трудиться, но прежде всего - оставаться верным своей глубинной сути, той, которая знает, что любая мечта, рожденная в сердце, уже является реальностью, ожидающей своего проявления.

Код победителя: раскрой свой безграничный потенциал

Это упражнение - путь, призванный помочь тебе исследовать и преодолеть трудности, превратив их в ступеньки для твоего будущего успеха. Это ретроспективный анализ и путешествие к личным открытиям, которые позволят тебе раскрыть и использовать свой безграничный потенциал.

Каждый из нас на протяжении жизни сталкивается с моментами трудностей и явных неудач. Этот путь - не просто исследование тяжелых моментов, но приглашение соединиться со своим внутренним голосом, чтобы открыть более глубокий смысл своего опыта. Каждое препятствие, с которым ты сталкиваешься, - это возможность расти не только профессионально, но и духовно, заново открывая для себя ценности и убеждения, которые определяют твою самую подлинную сущность.

Это упражнение проведет тебя через четыре ключевых этапа: осмысление неудачи, анализ ее причин, извлечение ценных уроков и разработку плана действий.

В ходе этого процесса тебе будет предложено честно и смело оглянуться назад, выявить причины твоих проблем и извлечь из них важнейшие уроки. Но самым важным является четвертый шаг: создание плана действий на основе этих уроков. Этот шаг превратит твой прошлый опыт в движущую силу для твоего будущего, позволяя тебе двигаться вперед с большей уверенностью, осознанностью и готовностью.

Цель этого упражнения - помочь тебе осознать, что каждая трудность - в любой сфере твоей жизни - это возможность для роста, что каждое препятствие - это шаг, который приближает тебя к цели. По сути, оно также представляет собой концепцию, которую я очень восхваляю: способность быть наблюдателем по отношению к своему эго. Наблюдая за своими ошибками без какой-либо эмоциональной привязанности и извлекая из них уроки, ты не только избегаешь их повторения, но и с большей уверенностью и готовностью двигаешься к своим будущим целям.

Помни, что успех определяется не отсутствием трудностей, а твоей способностью преодолевать их и извлекать из них уроки. «Думай масштабно, и ты станешь масштабным», - это не просто девиз, это жизненная философия, которая призывает тебя пройти свой путь с оптимизмом и решимостью. А теперь погрузись в это упражнение и начни раскрывать свой безграничный потенциал!

Шаг 1. Осмысление неудачи

Описание: начни с размышлений о неудаче, которую ты пережил. Это может быть случай, когда ты столкнулся с серьезной проблемой или получил неутешительный результат.

Инструкция

Напиши краткое описание этой неудачи, сосредоточившись на фактах и очертив контуры события без излишних эмоций. Что произошло? Каковы были основные обстоятельства? Когда это произошло?

Шаг 2. Анализ причины

Описание: теперь проанализируй причины этой неудачи. Будь честен с собой и постарайся выявить ошибки, неблагоприятные обстоятельства или неверные решения, которые привели к такому исходу.

Инструкция

Поразмышляй над своими действиями или решениями, которые привели к неудаче. Что ты мог сделать по-другому? Каковы были основные причины неудачи?

Шаг 3. Извлеки ценные уроки

Описание: на этом этапе задай себе решающий вопрос: «Какие уроки я могу извлечь из этого опыта?» Размышляя об этих проблемах, подумай также о том, как они могут преподать тебе ценные уроки о твоих отношениях, особенно в паре. Понимание и рост, возникающие в эти моменты, могут стать мощными инструментами для построения более глубоких и значимых связей с твоими близкими.

Инструкция

Определи ключевые уроки, которые ты извлек из этой неудачи. Что ты узнал о важности планирования, устойчивости, эффективной коммуникации или необходимости прислушиваться к своей интуиции? Как эти уроки можно применить в твоей нынешней карьере?

Шаг 4. Создай план действий

Описание: наконец, основываясь на полученных знаниях, составь план действий. Определи четкие и достижимые цели, стратегии, позволяющие избежать повторения одних и тех же ошибок, и конкретные шаги по использованию извлеченных уроков.

Инструкция

Поставь конкретные цели, основываясь на уроках, извлеченных из своих неудач. Как ты можешь использовать эти уроки, чтобы улучшить свое путешествие? Какие практические стратегии ты можешь применить?

Убедись, что этот план действий является упредительным и помогает тебе устойчиво расти и развивать самосознание.

Кризис, Осмысление и Возрождение

*«Мы не можем решить наши проблемы с тем же мышлением,
которое мы использовали при их создании»*
~ Альберт Эйнштейн

От Хаоса к Ясности

Что же я решил сделать?

В хаотичном вихре моей жизни я оказался перед судьбоносным выбором: если я действительно хочу принять жизнь во всей ее полноте, мне придется начать все с чистого листа. В момент глубокого самоанализа я спросил себя, в чем же заключается сама суть человеческого существования, и мне вспомнился первый человеческий акт при рождении: первый вдох, дыхание жизни, которое знаменует собой начало любого существования.

Размышляя об этом, я вспомнил наблюдение, сделанное одной из моих ассистенток некоторое время назад. Она указала мне на то, что мое дыхание часто бывает затрудненным, даже в моменты кажущегося спокойствия. Это простое наблюдение открыло мне глаза на скрытую истину: мое дыхание, такое поверхностное и торопливое, было отражением разума, пребывающего в смятении, постоянно находящегося во власти жизненных бурь.

Я начал понимать, что, улучшив дыхание, я смогу не только облегчить физические симптомы дискомфорта, такие как постоянная бессонница и другие недомогания, но и добиться большей ясности разума. Осознанное и контролируемое дыхание могло стать для меня маяком в хаосе, точкой опоры, с которой я мог бы плыть по бурным водам жизни с новым осознанием и спокойствием.

Сила Дыхания

Все началось как одиночное приключение, без гидов и руководств, которые освещали бы мой путь. Я отчетливо помню, как впервые закрыл глаза и попытался прислушаться к своему дыханию, почувствовать поток жизни, текущий через меня. Первые тридцать секунд казалось, что все возможно; я находился в гармонии с Вселенной, испытывая редкое чувство покоя. Но, словно слон в стеклянную лавку, в тишину ворвались мои повседневные заботы, нарушив мое спокойствие с неуловимостью торнадо в библиотеке.

Из всех проблем и теней того периода самой мрачной была история возможного судебного разбирательства по поводу фиктивного банкротства. История, которая по своей кафкианской природе сама по себе заслуживает отдельной книги, и которую я успешно разрешил только десять лет спустя, подтвердив свою невиновность. Это была вездесущая мысль, незваный гость на вечеринке, всегда готовый подпортить веселье и испортить атмосферу. Попытка медитировать в моем доме была сродни поиску спокойствия на рок-концерте: почти невозможный подвиг, но не лишенный определенного юмора. Вы когда-нибудь пробовали выполнять эти упражнения посреди домашней суеты, с двумя маленькими музыкантами в подгузниках? Да, мои дети проявили врожденную склонность к музыке с первых месяцев жизни! Мое сосредоточение часто прерывалось барабанной дробью, мелодиями электронных игрушек, детскими песенками и так далее и тому подобное. По иронии судьбы, этот хаос в доме только подстегивал мою решимость упорно заниматься ежедневными упражнениями с упорством, которым мог бы гордиться даже самый упрямый мул.

В те дни и недели каждый сеанс дыхания превращался в маленький театр моего внутреннего конфликта. В один момент я был мастером дзен, погруженным в покой; в другой момент меня одолевали мысли, которые барахтались, как сумасшедшие рыбы в пруду. В некоторые моменты разочарование становилось настолько сильным, что мне приходилось прекращать занятия.

И все же, несмотря на моменты уныния, что-то во мне отказывалось сдаваться. Возможно, это было то самое упорство, которое помогло мне преодолеть прошлые трудности, а может, просто желание доказать себе, что я могу это сделать. Всякий раз, когда меня одолевали мысли, я напоминал себе, что даже самое большое дерево начинается с маленького семени и что каждый вдох - это шаг к росту.

Со временем я начал замечать небольшие изменения: постепенно появлялось чувство спокойствия, способность отвлечься от тревожных мыслей. Это путешествие к силе дыхания научило меня тому, что даже в полном хаосе всегда есть место для улыбки, для минуты покоя и для возможности превратить вызов в триумф.

Вступив в новый этап своей жизни, я начал замечать существенные перемены. Проблемы, вместо того чтобы казаться непреодолимыми гигантами, стали превращаться в простые препятствия, возможно, раздражающие, взгляд на проблемы изменился: в каждой ситуации вместо тупика я видел потенциальные пути выхода, а когда они не были видны сразу, я начинал доверять внутреннему голосу. Это был тот самый голос, который, подобно мудрому духовному наставнику, всегда подсказывал мне путь к радости и равновесию, даже в самые мрачные моменты.

Окна Мудрости

Мой путь самосовершенствования не ограничивался дыхательными практиками. Я стал заядлым читателем, поглощая по 1-2 книги по самосовершенствованию в неделю. Я открыл для себя авторов, которые были подобны алхимикам слова: Наполеона Хилла, Уоллеса Уоттлза, Ральфа Уолдо Эмерсона, Уильяма Аткинсона, Экхарта Толле и многих других[5]. Каждая книга была как открытое окно в миры неизведанной мудрости.

В то же время, мое увлечение нейронаукой дало мне научную основу для лучшего понимания работы разума. Это было похоже на инструкцию для моего мозга, помогающую мне взломать код моих привычек и реакций. А потом появилась квантовая физика, которая открыла двери в еще более удивительную реальность, раскрыв таинственные механизмы, управляющие Вселенной. Иногда я чувствовал себя начинающим ученым, который со смесью изумления и неверия обнаруживает, что мир гораздо более странный и удивительный, чем он когда-либо себе это представлял.

Шаг за шагом, это знание помогало мне собирать фрагменты души, которые я неосознанно разрывал на части по пути. Это было похоже на попытку собрать пазл, не имея эталонного изображения на коробке, но с каждым кусочком я обнаруживал, что мое внутреннее изображение становилось все более четким и полным.

---

[5]Ссылка в главе «Библиографические ссылки»

На этом личном пути трансформации я словно рисовал карту для всех, кто заблудился в темном лесу отчаяния, для тех, кто искал путь к свету. И в этом путешествии я узнал, что часто ответ, который мы ищем, находится не в великих откровениях, а в маленьких ежедневных открытиях, которые приводят нас к большему пониманию себя и окружающего мира.

Интеграция Разума-Тела-Души

Все медитативные практики, в том числе и шаманские, часто подчеркивают связь между разумом, телом и душой, где эмоциональное и психологическое благополучие может влиять на физическое здоровье. Я понял, что осваиваю территорию, которая выходит далеко за рамки простого расслабления или поиска внутреннего покоя. Эти практики подчеркивали принцип, который я начал воспринимать как фундаментальную истину человеческого существования: неразрывную связь между разумом, телом и душой. Мне казалось, что я открываю древний секрет, спрятанный у всех на виду, и открывающий магию совершенной гармонии.

Исследования в области психонейроиммунологии - слово, которое могло бы получить премию за сложность, - стали для меня источником глубокого вдохновения. Эти научные исследования доказывают, что нет четкой разделительной линии между психическим и эмоциональным здоровьем и иммунной системой. Я понял, что тело - это симфония, а разум, эмоции и физическое здоровье - инструменты, играющие в идеальной гармонии.[6] Например, исследования Калифорнийского университета показали, что регулярные занятия медитацией могут значительно снизить уровень стресса, улучшить работу иммунной системы и уменьшить воспаление в организме[7].

Это понимание заставило меня взглянуть на духовные практики в новом свете. Это были упражнения для улучшения самочувствия и мощные инструменты для укрепления физического здоровья. Я словно открыл для себя, что не только являюсь дирижером своей личной симфонии, но и могу настраивать инструменты, чтобы добиться наилучшего исполнения.

Я начал внедрять это новое осознание в свою повседневную жизнь. Каждая медитация, каждый сеанс осознанного дыхания, каждый момент связи с душой стали актом заботы о моем теле. Как будто я разжигал внутри себя священный огонь, огонь, который сжигал напряжение и оживлял каждую клеточку моего тела.

Размышляя об этой интеграции разума, тела и души, я начал смеяться, думая о том, как в прошлом я пытался разделить эти аспекты себя. Мне казалось, что я пытаюсь пробежать марафон на одной ноге, не понимая, что, освободив каждую часть себя, я смогу бежать не только быстрее, но и с большей радостью.

Это новое понимание было не просто абстрактной теорией; оно стало жизненно важной частью моего повседневного опыта - от

---

[6]Ссылка в главе «Библиографические ссылки»
[7]Ссылка в главе «Библиографические ссылки»

абстрактной теории к конкретике. Каждый день с помощью этих практик я заново открывал для себя чудо человеческого бытия - чудо разума, тела и духа, идеально переплетенных в одно гармоничное единство. И в этой гармонии я нашел ключ к улучшению здоровья и более насыщенной, более полноценной жизни.

Я также использовал уроки, полученные в семье: от зубной пасты без фтора на основе алоэ, до максимально натуральных моющих средств и старинных бабушкиных и дедушкиных методов лечения простуды. Эти маленькие действия способствовали созданию более здоровой домашней среды в гармонии с природой.

Размышляя об этом путешествии, я осознаю, что каждый шаг, от дыхательных практик до чтения поучительных книг, представлял собой фундаментальный этап на моем пути к возрождению. Я также приглашаю тебя, читатель, подумать о том, как эти практики могут обогатить и преобразить твою жизнь.

Код возрождения: интеграция разума, тела и души

Это упражнение - духовное и практическое путешествие к открытию своего истинного «Я», напоминающее фокусника, достающего кролика из шляпы, но вместо кролика ты будешь постигать внутренний мир и гармонию. Упражнение призвано помочь тебе с улыбкой пробираться сквозь хаос повседневной жизни, обретая баланс и осознанность между разумом, телом и душой. Преимущества? Ясность разума, которая заставит тебя сказать «Ага!», внутреннее спокойствие, которое не сможет дать даже самый лучший чай в мире, и настолько глубокая связь с собой, что даже твои самые потаенные мысли захотят прийти с тобой поболтать.

Шаг 1. Осознанное размышление

- Выбери тихое и удобное место.

- Закрой глаза и глубоко дыши в течение нескольких минут.

- Поразмышляй о кризисных моментах или трудностях, с которыми ты сталкивался.

- Запиши свои мысли и эмоции, стараясь наблюдать за ними без осуждения.

Шаг 2. Познавательное чтение

- Прочитай отрывок из книги по самосовершенствованию или личностному росту - да, возможно, из этой прекрасной, удивительной, просветляющей, потрясающей книги, которую ты сейчас читаешь!

- Поразмышляй о том, как прочитанные тобой концепции применимы к твоей жизни.

- Запишите все мысли и идеи, которые возникли у тебя в процессе чтения.

Шаг 3. Медитация и интеграция

- После прочтения молча помедитируй, стараясь не думать о любимом телешоу.

- Представь, что твой ум, тело и душа вальсируют вместе в идеальной гармонии.

Шаг 4. Практические действия

- В конце занятия поставь перед собой цель или действие, отражающее интеграцию разума, тела и души.

- Это может быть ежедневная практика осознанного дыхания, регулярное чтение или занятия, которые питают твое физическое и духовное благополучие.

- Записывай свои успехи и размышления в дневник.

Выполняя это упражнение, ты не только заново откроешь для себя чудо быть полноценным человеком, но и, возможно, обретешь то чувство внутреннего покоя, которое заставит тебя улыбнуться, как будто ты только что услышал любимую шутку. И, кто знает, может быть, когда ты в следующий раз услышишь о медитации, йоге или осознанном дыхании, ты не сможешь удержаться от мысли: «О, это как раз то, что я искал!».

Шаманизм и Изобилие

«Магия - это просто наука, которую мы еще не поняли»

~ Сэр Артур Чарльз Кларк

Воссоединение с Самим Собой

Когда я гулял с женой, погрузившись в воспоминания о паранормальных явлениях, с моих губ сорвался спонтанный вопрос: «Знаешь, я бы очень хотел узнать, кто такой шаман». Она посоветовала мне изучить древние культуры таких стран, как Перу, Бразилия или Колумбия, и я начал поиск в Google. Набрав для поиска словосочетание «шаманский опыт», я столкнулся со словом «аяваска». После первых нескольких строк я остановился, испугавшись, как никогда ранее, потому что всегда был далек от употребления химических или психоделических наркотиков. У меня были сильные сомнения, но я преодолел страх с помощью дальнейшего исследования, и почувствовал непреодолимый зов, - я хотел узнать больше.

Этот таинственный призыв к моей душе вылился в решение посетить мой первый ретрит с погружением в аяваску в 2015 году. Хотя этот опыт до сих пор окутан завесой тайны во многих странах, включая Италию, где аяваска строго запрещена, я почувствовал глубинный зов. Та первая церемония стала прозрением, которое навсегда изменило ход моей жизни. Когда я проснулся после первой ночи, то с изумлением отметил, что мне открылся слой реальности, скрытый за пределами обычного, субатомное и энергетическое измерение. В этом внутреннем путешествии я пробирался сквозь него, постигая текстуру самой реальности. Я понял, что аяваска может стать мощным инструментом, позволяющим быстро проникнуть в глубины моего разума и добраться до корней обусловленности, укоренившейся с детства.

Я продолжал принимать участие в других ретритах, обнаружив, что мои ежедневные медитации, которым я следовал на протяжении многих лет, усилились, стали глубже и эффективнее. Я смог сосредоточиться на конкретных проблемах, распутывая и развязывая их, как запутанные узлы, и таким образом добираясь до их сути.

Во время второго ретрита произошла встреча, которая глубоко сформировала мой путь - с традиционным колумбийским шаманом, которого организаторы пригласили впервые покинуть джунгли Амазонки и прилететь к нам. Эта встреча помогла мне понять, что если я не готов к путешествию в джунгли, то джунгли сами придут ко мне. В видении во время той церемонии я увидел, как четыре шамана назвали меня своим пятым спутником. Я не сразу понял весь смысл этого видения, но почувствовал, что оно содержит глубокое послание.

Ученик Шамана

Я продолжал посвящать себя ретритам и вскоре оказался вовлечен в их организацию. Мне доверили, казалось бы, скромную задачу, но полную поэтического смысла: уборку санузлов. Вооружившись веником и ведром, в долгие часы одиночества, проведенного между парами моющего средства и блеском кранов, я начал размышлять. Тишина, нарушаемая лишь плеском воды, открыла мне, что в каждом жесте, даже самом простом, скрыт глубокий смысл, как в миниатюрном произведении искусства, которое ждет, чтобы его улучшили. Поэтому я поставил перед собой важную моральную задачу: превратить эти давно заброшенные пространства в настоящие храмы чистоты.

Эта задача вскоре стала мне дорога, в медитативном повторении был урок, к тому же она вызывала детские воспоминания, когда я наблюдал, как мама занимается уборкой дома, наводя блеск на предметах, которые и без того сияли. Именно из этих впечатлений, должно быть, и возникла моя склонность убирать кухню до тех пор, пока она не станет безупречной, перемывая ее не один, а два раза! Чтобы разбавить монотонность работы и поддержать мое хорошее настроение, мама наполняла комнату историями и сказками, многие из которых были плодом ее живого воображения. Именно в эти моменты я понял, что талант рассказывать истории, которыми я так любил увлекать своих детей, а именно - неопубликованными вечерними приключениями, - это дар, переданный мне от матери, столь же ценный, сколь и неожиданный.

Ежедневное общение с грязью, вдали от поверхностности и требований делового мира, оказалось той самой терапией, в которой я нуждался. Я сбросил маску успешного предпринимателя, которую сам себе создал, признав, что мое видение было ошибочным, далеким от реальности и, что более важно, не соответствовало моей истинной сути. На самом деле люди, которые достигают важных бизнес-целей, сочетают в себе предпринимательское видение и мудрость. Между сильным запахом аммиака и тщательной работой ершиком я заново открыл для себя смысл подлинного существования: возвращение к своим корням, которое наполнило меня простой и полной радостью, перекликающейся с рассказами моей матери.

Позже я начал активно участвовать в шаманских церемониях, исследуя музыку с помощью различных инструментов. Хотя прошло уже более двадцати лет с тех пор, как я в последний раз играл на гитаре - центральном инструменте колумбийской шаманской традиции наряду с флейтами и перкуссионными инструментами, - я чувствовал, что музыка естественным образом льется из меня. Я чувствовал, что это не я играю на инструментах, а скорее они сами играют через меня. Освоение этих музыкальных инструментов превратилось в практику медитации, превращая каждую сыгранную ноту в звук, в диалог с невидимым, обладающим собственным языком, не поддающимся описанию словами. Музыка оказалась мощным ключом к соединению материального мира с духовным, выступая в роли моста между ними. Это путешествие по изучению шаманских практик было насыщенным и, хотя поначалу оно было тяжелым, принесло мне глубокое удовлетворение.

Во время этих церемоний я сталкивался со своими страхами и неуверенностью, обнаруживая их глубокие корни. Каждая церемония приводила к дальнейшему пониманию и интеграции этого опыта, устанавливая эмоциональную связь, которая обогащала мой духовный путь.

На многообещающем мероприятии по экзотизму и просветленности, во время ретрита в Амстердаме, судьба решила разыграть один из своих самых странных трюков. Шаман, ожидаемый маяк нашего опыта, который должен был вести церемонию, внезапно заболел, оставив меня в море неопределенности. Я был там, лишенный всякого притворства шаманизма, перед группой авантюрных душ, которые пересекли горы и долины, а также истощили свои кошельки, чтобы погрузиться в этот опыт.

Страх и решимость, охватившие меня в тот момент, наверное, были сродни тому, что испытывает актер, когда забывает свою реплику в середине ответственной сцены, с тем лишь отягчающим обстоятельством, что в моем случае сценария не было. И все же, проявив неожиданную смелость, я оказался ведущим церемонии. Каждый мой жест, каждое слово, слетавшее с моих уст, казалось, нашептывалось древней мудростью, о которой я и не подозревал.

Произошла радикальная трансформация, внезапно весь внутренний опыт, накопленный до этого момента, в сочетании со смирением физической работы, обрел полноту смысла: я стал мостом между мирами. Я почувствовал присутствие и поддержку шаманов, с которыми встречался в своих глубоких и личных путешествиях, как будто их мудрость текла через меня.

Этот опыт оказался поучительным, открыв невыраженную способность: быть проводником к чему-то большему и более глубокому, чем мое существование. Так, почти случайно, началось мое шаманское путешествие, путешествие тайн и открытий, которое продолжает определять мой путь.

Ритуал

Наблюдать за подготовкой шамана к ритуалу – все-равно, что наблюдать за актером перед выходом на сцену, с той лишь разницей, что вместо Шекспира здесь присутствует нотка амазонской магии. С одной стороны, мы ощущаем сюрреализм и оттенок комедии, а с другой - глубокое уважение к мистическому. Шаманы, принадлежащие к различным культурам, таким как Перу, Колумбия, Бразилия и Эквадор, носят вышитую вручную одежду, украшенную ожерельями из семян или зубов животных -

символами их духовной защиты. Часто они дополняют свою одежду коронами, которые не только украшают, но и защищают, особенно голову, которую они считают деликатной частью тела.

Перед своим голландским «дебютом» я участвовал в церемонии, проводимой перуанским шаманом, во время которой я наблюдал за использованием связанного пучка листьев, называемого wayra (вайра). Поначалу этот инструмент показался мне почти смешным. Я спрашивал: «Что вы делаете с этой штукой?». Глубокое понимание этого инструмента открылось мне через труднообъяснимый визионерский опыт, в котором я мог «смотреть» за завесу материального мира. Именно таким образом я по-настоящему понял энергетическую роль вайры - во время кульминации церемонии, наблюдая, как шаман использовал этот инструмент для взаимодействия и направления тонких энергий в священном пространстве.

Вайра, которую в зависимости от региона называют шакапа, чакапа, чакарпа или хуайра сача, на языке кечуа означает инструмент, похожий на шейкер (музыкальный инструмент), сделанный из листьев рода Париана. Например, в шаманском племени Инга из колумбийской Амазонии вайра играет важную роль в церемониях аяваски, когда курандеро размахивает ею вокруг пациента, напевая при этом Икаро – целительную песню. Звук вайры, создаваемый широким спектром движений, создает атмосферу энергетического очищения, которое по-испански также называется «лимпиа».

Некоторые говорят, что во время ритуалов видят, как вокруг вайры плывут ленты света, создавая почти магическую атмосферу. Традиционно вайра изготавливается путем связывания листьев в форме веера, который издает успокаивающие звуки и символизирует связь между людьми и природой. Каждое движение шамана с вайрой - это не только физический танец, но и молитва в движении, безмолвный диалог с невидимым. Шаманы верят, что звук вайры может вызывать духов-защитников, очищать ауру и облегчать духовное путешествие пациента во время ритуалов аяваски.

Использование вайры сопровождает весь ход церемонии, начиная с начальной фазы, когда священный напиток «заряжается энергией», что для шаманов означает активизацию и вызов «духа Яхэ». Впоследствии церемония обогащается эклектичной симфонией: иногда фоном служит дикая музыка джунглей Амазонки, иногда - глубоко вдохновенные песни шамана, известные как «икарос», которые направляют духовное путешествие. Нет недостатка в моментах, когда музыканты, или «музикос», вплетают в свои мелодии так называемую музыкотерапию, основополагающий элемент шаманской традиции. В частности, для колумбийских шаманских племен эта музыка выходит за рамки простого понятия нот и мелодий; она превращается в настоящий язык души, который напрямую общается с сердцами участников и строит звуковой мост между осязаемым и невидимым мирами.

Обычно музыкальные инструменты используются самими шаманами или их учениками, поскольку им очень важно слышать их глубокий смысл. В контексте шаманских ритуалов аяваски, музыка играет важнейшую роль, сравнимую с терапевтическим инструментом в современной медицине, поскольку она служит для облегчения процессов исцеления и психологического благополучия с эффективностью, аналогичной признанным клиническим методам лечения. В шаманской практике музыка, часто в виде песнопений или звуков, издаваемых такими инструментами, как вайра, играет важную роль в проведении участников через опыт аяваски, который считается формой духовного исцеления и самоанализа.

Научные исследования показывают, что музыка благотворно влияет на тревогу, депрессию, боль и усталость, особенно у онкологических больных[8]. В этом смысле музыка в ритуалах аяваски может оказывать аналогичное терапевтическое воздействие, выступая в качестве мощного катализатора для внутреннего путешествия и эмоционального исследования.

Музыка в ритуалах аяваски, как и музыкотерапия, может служить мощным эмоциональным инструментом для преодоления стрессовых ситуаций. Музыка в этих контекстах используется для удовлетворения физических, психологических, социальных и эмоциональных потребностей, продвигая форму нефармакологической терапии.[9]. Кроме того, музыка в этих ритуалах может рассматриваться как эквивалент музыкотерапии,

---

[8]Ссылка в главе «Библиографические ссылки»
[9]Ссылка в главе «Библиографические ссылки»

где основополагающим является индивидуальный подход под руководством квалифицированного терапевта (в данном случае шамана или «музыканта»).

Шаманы используют эссенции и благовония для создания сакральной атмосферы, особенно на начальных этапах церемонии. Эти ароматические элементы также используются во время ритуала для гармонизации окружающей среды и, в частности, после «лимпии», чтобы еще больше усилить эффект очищения и способствовать состоянию повышенной восприимчивости и внутренней открытости участников.

С научной точки зрения доказано, что ароматы и парфюмерия влияют на психологическое и физическое состояние людей. Исследования в области ароматерапии показали, что определенные запахи могут оказывать успокаивающее действие, снижать стресс и улучшать настроение[10]. Эти эффекты обусловлены взаимодействием запахов с лимбической системой мозга - областью, отвечающей за эмоции и воспоминания[11].

Кроме того, запахи могут помочь участникам закрепиться в опыте, обеспечивая сенсорную точку отсчета, которая может успокаивать в моменты сильных эмоций или психологических расстройств. В этом контексте ароматы служат мостом между физическим и духовным миром, способствуя более глубокому и осмысленному путешествию.

---

[10]Ссылка в главе «Библиографические ссылки»
[11]Ссылка в главе «Библиографические ссылки»

Из уважения к Мастерам и чтобы гарантировать полноту информации, следует оговориться, что описанное ранее представляет собой лишь малую часть шаманского ритуала аяваски. Существует множество других священных жестов и моментов, которые остаются знанием, хранимым для самих шаманов. В некоторых случаях эти аспекты трудно объяснить в буквальном смысле из-за их сложности и глубокого отличия от наших привычных знаний.

В целом, шаманский ритуал аяваски представляет собой прекрасный пример гармоничного слияния традиционных практик и современной науки. Этот союз создает целостный опыт, соединяющий духовность, науку и психофизическое благополучие в едином и захватывающем контексте.

Во всех уголках мира, в разных эпохах и культурах, ритуалы всегда играли важную роль. Они представляют собой священные мосты между нашим повседневным и глубинным «Я», связывая нас с тем, что я называю «космической энергией». Этот термин был выбран за его универсальность, с целью уважать все религии и верования. Ритуал приглашает нас войти в священное пространство, созданное не только физически, но и внутренне, где мы можем воссоединиться с самыми сокровенными частями нашей сущности.

На своих воркшопах и онлайн-курсах я уделяю большое внимание тому, как важно посвятить себя созданию сакрального пространства, даже если это означает лишь выделение нескольких минут для медитации каждый день. Признание и почитание этих моментов позволяет нам приблизиться к своей истинной сущности, открывая путь к личному и духовному открытию. Эта концепция выходит за рамки простой подготовки физического пространства: это приглашение придать значение и глубокий смысл этим моментам, искать связь с самой настоящей версией себя.

Я также подчеркиваю трансформирующую ценность принятия на себя роли проводника в этих священных действиях, подобно тому, как это делает шаман или духовный лидер. Эта практика не ограничивается простым проведением церемонии; она распространяется на важность дистанцирования от своего эго. Понимание того, что можно носить несколько ролей и принимать на себя разные идентичности, сохраняя при этом критическую дистанцию по отношению к ним, имеет решающее значение. Эта отстраненность открывает путь к исследованию новых измерений себя, к воплощению неизведанных качеств и потенциала, способствуя личностному росту, выходящему за пределы повседневного «Я».

А ты, чувствовал ли ты когда-нибудь зов ритуала или глубокую связь, которая может быть создана в сакральном пространстве, будь то джунгли Амазонки или тишина твоей комнаты?

Вызовы и Откровения

Столкновение с жизненными трудностями иногда напоминает игру в сложную настольную игру без инструкции. Ты можешь легко потерять ориентиры, но именно в такие моменты появляются самые сильные откровения. Каждый кризис, большой или маленький, таит в себе бесценный потенциал для личностного роста и обновления. Это как найти в темной комнате спрятанный светильник, который, если его однажды зажечь, осветит весь путь.

Одна из созданных мною техник, которую я использую во время своих шаманских ретритов и воркшопов, чтобы исследовать путь к самосовершенствованию, - это практика Эго-Трансценденции, которая нацелена на принятие более сбалансированной и полной жизни.

Меня очень впечатлили результаты работы с Джеймсом, успешным юристом, который полностью преобразился, освободившись от ограничивающих ментальных цепей и открыв в себе неиссякаемый источник творческой энергии. Он как будто нашел ключи от двери, которую всегда игнорировал.

В моей жизни эти практики также творили чудеса. Помню время, когда я был настолько перегружен работой, что забывал дышать (почти буквально!). С помощью практики Эго-Трансценденции я заново открыл для себя искусство баланса между амбициями и спокойствием, узнав, что истинное богатство - это сбалансированное сочетание внешнего успеха и внутреннего покоя.

Слова, содержащиеся на этих страницах, - приглашение к путешествию в твою личную духовность и поиску гармонии между материальным и духовным. Это как иметь компас, позволяющий ориентироваться в море возможностей, где истинное изобилие - это скрытое сокровище.

В глубинах шаманского опыта я заново открыл для себя смысл богатства и успеха. Раньше я измерял успех в терминах материальных достижений, подобно исследователю, подсчитывающему свои сокровища. Но теперь, благодаря шаманским практикам и церемониям, я начал видеть богатство в совершенно ином свете. Как будто я надел верные очки, и внезапно все стало ясно: истинное богатство заключается не в обладании, а в умении наслаждаться тем, что предлагает жизнь, в единении с Вселенной.

Теперь в каждом проекте, за который я берусь, я понимаю, что больше не гонюсь за деньгами; напротив, деньги как будто сами ищут меня, приходя, как старые друзья, и неожиданно стуча в дверь. Во время этого путешествия я научился ценить каждый момент процесса, отошел от традиционного представления о работе и стал рассматривать ее скорее как средство для проявления своей истинной сущности. Эта эволюция в моем видении процветания превратила повседневную жизнь в захватывающее приключение, где подлинная радость приходит от установления глубоких связей с моим внутренним миром и окружающей средой, от путешествия, которое оказывается одновременно материальным и духовным.

Код шамана: ритуал

В шаманском пути ритуал - это священный момент, мост между материальным и духовным мирами. Этот кодекс приглашает тебя заново открыть сакральное в мелочах, найти магию и смысл даже в самых банальных повседневных жестах. Каждый аспект ритуала, от одежды до музыки, имеет глубокий смысл и способствует более тесной связи с внутренним «Я». В шаманской жизни каждый момент может стать сакральным, даже когда ты готовишь утренний кофе или идешь на встречу с боссом. Этот кодекс поможет тебе создать свой личный ритуал, превратив повседневные действия в возможности для празднования и соединения со своим глубочайшим «Я».

Шаг 1. Одеяние

Начни со своего одеяния. Смени наряд или надень особый предмет, например ожерелье или браслет. Это может быть и поварской фартук с пятнами от соуса, или твой счастливый свитер. Каждая вещь, которую ты надеваешь, помогает превратить тебя в главного героя твоего ежедневного ритуала. Даже простой аксессуар может служить напоминанием о том, что нужно сохранять привязанность к настоящему моменту, и напоминать о том, что каждое действие нужно проживать с намерением и присутствием. Помни, что этот ритуал уникален именно для тебя. Выбирай предметы, которые резонируют с твоей душой, заставляют тебя улыбаться или приносят тебе мир. Будь то камень, подобранный во время особого путешествия, или кулон, подаренный близким другом, - каждый выбранный тобой предмет придаст ритуалу индивидуальность и глубокий смысл.

Этот момент представляет собой трансформацию, подобную той, которую ты испытываешь каждый раз, когда собираешься на работу, на тренировку в спортзал или на встречу с друзьями. Это способ почтить твое присутствие в каждом моменте дня, отметить сакральное в повседневных жестах и напомнить тебе, что ты - творец своей реальности, шаман своего существования.

Шаг 2. Подготовка помещения

Выбери и подготовь сакральное место. Будь то твой рабочий стол с яркими стикерами, или кухня, где каждая специя становится волшебным ингредиентом, - каждый предмет помогает создать особую атмосферу для твоего ритуала. Собери все элементы, которые понадобятся тебе для медитации или для любого другого занятия, которым ты собираешься заняться. Рассмотри возможность использования также предмета, который тебя вдохновляет или успокаивает. Это может быть растение, ароматическая свеча или фотография, которая дарит тебе душевный покой.

Шаг 3. Музыкотерапия

Музыка - это твое звуковое заклинание. Сопровождай свой ритуал музыкой. Выбери терапевтическую или медитативную музыку, которая поможет тебе воссоединиться с твоим внутренним «Я».

Шаг 4. Эссенции

Если ты готовишь, пусть ароматы еды станут твоей эссенцией. Или зажги благовония, чтобы превратить свой офис в храм. Эти ароматы служат катализатором твоего внутреннего путешествия, помогая создать атмосферу сосредоточенности и спокойствия. Если у тебя нет благовоний или эссенции, воспользуйся эфирным маслом, или даже просто насладись ароматом кофе или чая, который ты делаешь.

Каждая часть этого ритуала позволит тебе установить связь с собой и окружающей средой. Зажигая благовония или слушая музыку, почувствуй, как эти элементы взаимодействуют с окружающим пространством, создавая гармонию между твоим внутренним и внешним миром. Эта связь - мощное напоминание о том, как мы все взаимосвязаны с Вселенной.

Шаг 5. Намерение

Определи намерение для своего ритуала. Независимо от того, что ты делаешь – медитируешь, готовишь еду или готовишься к встрече с начальником, - сосредоточься на цели, которую хочешь достичь. Определяя намерение, помни, что сила заключается как в достижении цели, так и в пройденном пути, даже если это просто выживание в понедельник утром. Следуя этим шагам, помни, что твой ритуал может и должен меняться со временем. Прислушивайся к своему сердцу и интуиции: если в один прекрасный день ты почувствуешь необходимость изменить любой его эпизод, добавить новый элемент или изменить порядок, доверься этой интуиции. Твой ритуал живой и отражает твое личное путешествие.

Шаг 6. Заключение

Заверши ритуал символическим жестом: это может быть особая музыка, молитва или просто слова, сказанные из твоего сердца. Всегда используй один и тот же завершающий ритуал для каждой из своих «церемоний». Наконец, удели время тому, чтобы оценить результат, которого ты достиг, даже если он еще не проявился. После завершения ритуала удели время размышлениям о том, что ты только что пережил. Запиши все возникающие мысли или чувства, чтобы привнести осознанность и благодарность в свой ежедневный путь.

Этот ритуал - не просто ряд шагов, он раскрывается как торжественное приглашение отпраздновать неповторимость своего бытия. Перед тобой открывается уникальная возможность привнести баланс и гармонию в ткань своего существования, это мягкое напоминание о том, что духовность может быть деликатно вплетена в повседневность. Надевая «ритуальное одеяние», независимо от того, организовываешь ли вы встречу, или просто подаешь ужин на стол, ты возводишь обычный момент в ранг сакрального. Эти жесты, простые, но глубокие, становятся выражением твоего духа и признанием красоты и таинства, скрытых в повседневном и привычном.

Гераклит, почтенный греческий философ, провозгласил: «Путь вверх-вниз один и тот же»[12]. Эти слова находят глубокий отклик в практике шаманского ритуала, напоминая нам, что каждый акт нашего дня, каким бы банальным он ни казался, - это фрагмент единого духовного путешествия.

Благодаря этому ритуалу любая рутина превращается в акт чистого осознания и живого присутствия. Он служит напоминанием о том, что даже в вихре повседневных проблем

---

[12]Ссылка в главе «Библиографические ссылки»

есть обитель мира и самоотдачи, всегда находящаяся в пределах нашей досягаемости. Каждый жест несет в себе потенциал исследовать собственную эволюцию и чтить волшебство, скрытое в каждом рассвете.

Помни, что ты - властитель своей судьбы, архитектор своего духовного пути. С помощью этого ритуала ты приветствуешь свою самую аутентичную сущность и открываешь двери в горизонт трансформации и возрождения без границ.

Трансформационные Отношения

«Мы ходим по земле не как чужие, а как близкие родственники»
~ Пословица коренных американцев

Шаман в Современном Мире

В последующие годы мое приключение превратилось в увлекательное путешествие, своего рода кругосветное путешествие духа. Я проводил ретриты в самых разных местах - от пышных тропических лесов до пульсирующих мегаполисов, общаясь с калейдоскопом культур и встречая сотни людей, у каждого из которых была своя уникальная и трогательная история. Роль шамана в современном мире, как я обнаружил, сродни роли канатоходца, который ходит по натянутому канату между двумя совершенно разными мирами.

Как предприниматель, я признаю, что принятие концепции «шамана» не было линейным путем. Поначалу это было похоже на то, как если бы я надел шляпу, которая была слишком велика для моей головы, что-то, что, казалось, не соответствовало портрету бизнесмена, который я создал. Мои друзья наблюдали за этим со смесью скептицизма и беспокойства, вероятно, задаваясь вопросом, не заменил ли я свои финансовые прогнозы пророчествами майя. Но на самом деле я плыл по бурному морю внутренней реорганизации, пытаясь заставить свой логический ум сосуществовать с душой, которая жаждала более глубокой связи.

В течение примерно двух лет, проведенных в этой организации - да, той самой, где я убирал санузлы, - я нашел неиссякаемый источник вдохновения. Практика «интеграции», введенная ее основателем Альберто Варелой, наложила глубокий отпечаток на мой путь, предложив мне гармоничный баланс между рациональностью и духовностью. В Альберто я узнал «Мастера», которым восхищался и как основателем организации, объединившей исключительные таланты со всего мира, и как экспертом-проводником, ориентирующимся в сложностях души и разума. Его мудрость и необыкновенные навыки общения делали его уникальным ориентиром, способным просветить и вдохновить каждого, кто пересекал его путь.

Мой краткий опыт в этом контексте был глубоко вдохновляющим, это был период моей жизни, за который я испытываю огромную благодарность, особенно по отношению к Альберто. Его недавний переход в высшее состояние существования напоминает мне о ценности его учений и глубине его влияния на мой личный путь. Его наследие продолжает жить не только через практики, которые он оставил после себя, но и в глубоком чувстве благодарности за время, проведенное под его руководством, которое живет в моем сердце.

В рамках этой организации, и в последующие годы, мне представилась невероятная возможность поработать вместе с традиционными шаманами и объединить знания профессионалов масштабов психологов, психотерапевтов, врачей и интеллектуалов огромной значимости. Из этого опыта я почерпнул вдохновение для разработки новой техники, которую назвал «Практика Эго-Трансценденции».

Суть этой практики заключается в поиске гармонии между рациональностью и интуицией, она сочетает в себе открытия нейронауки и квантовой физики с психологическими подходами, переплетая их с глубокой духовностью. Это путешествие личностного роста, уходящее корнями в осязаемую реальность и одновременно поднимающееся к высшим сферам духа. Используя этот «инструмент», каждое действие, даже самое маленькое, становится значительным шагом на пути к преодолению себя и воссоединению с нашей самой сокровенной сущностью. Это исследование внутреннего мира и истинное объятие всей Вселенной нашей сущности.

Практика Эго-Трансценденции стала маяком, направляющим участников моих церемоний и воркшопов, да и меня самого, сквозь суматоху современного мира. Как танец под дождем, когда учишься радоваться каждой капле и при этом стараешься не поскользнуться. Каждая сессия, каждый ретрит — это еще один шаг на этом пути баланса и открытий, который изменил мое видение жизни, работы и человеческих отношений.

«Шаман в современном мире» или «Современный шаман» — это одновременно название главы моей жизни и приглашение исследовать, как каждый может найти свой собственный уникальный баланс, охватывающий как материальный, так и духовный мир. Это история о том, как научиться ориентироваться в современности, не теряя связи с той частью нас, которая резонирует с исконными ритмами Земли. И в каком-то смысле это еще и комедия, потому что, давайте посмотрим правде в глаза, иногда в духовном путешествии могут быть веселые моменты, особенно когда вы пытаетесь проиллюстрировать своим товарищам суть шаманского ритуала в коротких промежутках между одной деловой встречей и другой.

Спасибо, Альберто, за то, что ты был сияющим светом на моем пути, за встречу, которая заставила трепетать мою душу!

Внутренняя Ценность

На одном из моих ретритов у меня была возможность встретиться с известным предпринимателем, которого мы назовем Джоном из соображений конфиденциальности, а также потому, что это определенно хорошо звучит. Успех в бизнесе полностью погрузил его в мир цифр, графиков и отчетов, язык, который я знал очень хорошо. Во время сеанса практики Эго-

Трансцендентности он застал меня врасплох вопросом: «Как я могу по-настоящему ценить себя?».

Я решил поиграть с ним, предложив ему упражнение в стиле голливудских научно-фантастических фильмов: «Представь, что у тебя осталось всего пять минут жизни, но тебе предоставляется возможность купить еще пять, чтобы сделать что-то особенное. Что бы ты сделал с этими дополнительными минутами?». После задумчивой паузы Джон ответил: «Я бы попрощался с людьми, которых люблю». А теперь скажи мне: «Сколько стоят для тебя эти пять минут?». Сначала он отнесся к этому как к простой деловой сделке, но, поразмыслив немного, в итоге оценил эти пять минут в восьмизначную сумму.

Далее мы начали разбирать эту цифру, почти как сложный рецепт. «Сколько составляет твой идеальный годовой доход?», - мы разделили его на месяцы, дни и часы, чтобы выяснить ценность каждого момента его жизни, включая сон. Голос Джона менялся в течение всего упражнения, переходя от жесткого тона к глубокому самоанализу. Когда мы подсчитали стоимость одной минуты его жизни (несмотря на указанные им восемь цифр), Джон был удивлен и заметно растроган. Он старался сохранять самообладание бизнесмена, но его борьба за сдерживание эмоций была очевидной, словно он хотел не дать сорваться мятежной слезе. Целью этого упражнения было продемонстрировать бессознательную ценность, которую мы придаем каждой минуте нашей жизни. Присвоение цены в «системе», где все имеет экономическую ценность, помогает нам понять, насколько драгоценно каждое мгновение. Результат почти всегда один и тот же: изумление, смешанное с глубоким осознанием и, неизбежно, слезами.

Несколько месяцев спустя, во время воркшопа, Джон признался мне, что это упражнение радикально изменило его восприятие жизни. Он стал уделять больше времени своей семье, проживая каждый момент с большим присутствием и вниманием. Это новое осознание позволило ему оценить внутреннюю ценность каждого момента своей жизни, изменив его отношение к близким и повседневным делам. Он признался мне, что иногда останавливался, чтобы посмотреть на часы, когда проходила минута, и размышлял: «Невероятно, за эту минуту я мог бы заработать семь долларов, но вместо этого я решил вложить их в наблюдение за тем, как мой сын гоняется за бабочками, - время, которое никогда не может быть выражено в денежной оценке. Кто бы мог подумать, что настоящая прибыль кроется в жизни в настоящем моменте, а не в цифрах?».

Наш разговор напомнил мне, что истинная ценность жизни заключается в отношениях, моментах, которые нам есть с кем разделить, и аутентичных связях. Джон обнаружил, что истинное богатство заключается не в цифрах на банковском счете, а в улыбках его детей, в семейных вечерах и в маленьких жестах, которые наполняют жизнь смыслом. Он усвоил, что измерять успех – значит не считать деньги, а считать моменты, наполняющие сердце радостью.

В этом упражнении Джон стал живым примером того, как изменение взгляда может преобразить не только его жизнь, но и жизнь окружающих нас людей. Он понял, что присутствие, внимание и любовь - вот истинные показатели хорошо прожитой жизни. А вместе с этим он открыл для себя, что каждый день - это возможность создать богатство, которое невозможно измерить, а можно только почувствовать и пережить.

Как Быть «Присутствующим»

Концепция подлинного присутствия затронула мою душу незабываемым образом. Я помню как сейчас тот момент, когда, вернувшись с шаманского ретрита, я увидел своего сына Алессандро, которому недавно исполнилось восемь лет, укутанного в тишину нашего дома, полностью погруженного в чтение книги. Это был образ чистой невинности и глубокой мудрости, мост между мирами через напечатанные слова.

С ранних лет Алессандро проявлял жажду знаний, выходящую за рамки простого любопытства, которая впоследствии переросла в целый ряд увлечений и интересов. С тех пор как он начал читать, он зарекомендовал себя как заядлый читатель, погружаясь в книги всех жанров, в том числе настолько сложные, что их не может понять даже взрослый. Он обладает душой исследователя, решительно настроенного путешествовать по страницам книг, чтобы открыть для себя неизвестные миры и неожиданные истории. Его страсть к чтению - это пламя, которое и сегодня горит с редкой интенсивностью, свет, освещающий пути познания и открытий.

В тот день, движимый божественным порывом, я решил сделать нечто радикально простое, но глубоко действенное: я сел рядом с ним, решив отказаться от всех отвлекающих факторов, чтобы погрузиться в драгоценное «искусство просто быть». В тот момент казалось, что время остановилось. Внешний мир с его непрекращающимися требованиями исчез, оставив нас в пузыре тихой, живой близости.

И так мы просидели, казалось, целую вечность, но на самом деле прошел лишь час, - связанные так, что словами не описать. Когда Алессандро закрыл книгу и повернулся ко мне, его глаза были двумя звездами, сияющими чистыми и незамутненными эмоциями. Его улыбка, луч солнца, способный растопить любую тень, была одним из самых ценных подарков, которые я когда-либо получал. «Спасибо, папа, было приятно побыть здесь с тобой!», - сказал он, и в этот момент я почувствовал, как что-то внутри меня «щелкнуло».

Осознание, охватившее меня, было бурным и приятным одновременно. Мы обнялись. Я чувствовал биение его сердца рядом со своим. Поток эмоций захлестнул меня, и внезапно пришло осознание. Я не хотел быть просто «папой» в традиционном понимании. Я хотел быть вдохновляющей фигурой в его жизни, примером искренности и безусловной любви. Запрос на присутствие был приглашением провести время вместе с самой сутью моей души.

Тот день стал маяком в моей жизни, осветив истину, о которой мы часто забываем: присутствие - это величайший дар, который мы можем преподнести себе, своим детям и всем, кто встречается на нашем пути. Настоящее присутствие, проявляющееся от всего сердца, - это ключ к созданию глубоких и значимых связей. Я понял, что быть родителем - это гораздо больше, чем руководить; это вдохновлять. С этого момента я взял на себя миссию жить с «присутствием» в качестве своего компаса, открыв для себя, что в самых простых моментах кроются глубочайшие истины бытия.

Алхимия Связей

Мой опыт научил меня тому, что личностный рост – это нечто большее, чем путь, который ты проходишь в одиночку; это тонкое, почти алхимическое искусство обновления и обогащения человеческих связей. Каждый этап этой своеобразной одиссеи обновлял мой внутренний мир и придавал новый импульс моим отношениям, в том числе и с нашим соседом. Можно с уверенностью сказать, что он обладает особым даром: превращать каждую беседу с женой в ночной концерт - с криками, красочными диалогами и эпитетами. В их семье ночь – это самое подходящее время, чтобы дать своему ребенку образовательные уроки с выговорами и сильным звуковым воздействием. Да, именно тогда, когда весь остальной мир пытается приобщиться ко сну, они решают, что настало идеальное время для полноценной домашней «оперы».

Их выступление, которое, как я представляю, было устроено исключительно для моего удовольствия - ведь, признаться, какая еще аудитория могла быть там в тот час? - научило меня ценить маленькие радости жизни. Теперь каждый раз, когда драма оживает благодаря их голосам, я не могу не улыбаться, думая: «Вот, мой тихий вечер обогатился новой главой!». Этот ночной концерт по-своему придал моему существованию неожиданное измерение, напомнив мне, что юмор можно найти даже в самых невероятных обстоятельствах.

Эта трансформация, которую мы переживаем, - одиночное внутреннее путешествие, больше похожее на тонкое искусство, духовный танец. Каждый наш шаг, каждое движение нашей души движется в гармонии с мелодией Вселенной, переплетая наш дух с душами окружающих нас людей. Это все-равно, что наблюдать танец вайры в руках шамана, который деликатно двигает листья вокруг пациента. В этом танце каждый лист гармонизирует энергетическое поле, подобно тому, как мы балансируем свою жизнь с близкими нам людьми, «исцеляя» любые энергетические застои в наших отношениях и наших душах.

На своем пути я обнаружил, что отношения похожи на зеркала, в которых отражается то, кем мы являемся, а также то, кем мы можем стать. Знаете, когда мы общаемся с человеком, у которого есть привычка отвечать «да, но...» на все наши замечания? На самом деле это способ не слушать нас.

Я понял, что самые значимые отношения - это те, в которых мы можем быть аутентично собой, без масок и притворства. Это те моменты, когда, сидя в тишине с другом, вы не чувствуете необходимости заполнять каждую паузу словами, а можете просто «быть». Это немного похоже на участие в рабочей видеоконференции: с виду мы безупречны, но на самом деле, под столом, мы сидим в спортивных шортах или с носком с марионеткой, безразличные к тому, что могут подумать другие, если они видят на картинке только деловой костюм.

На своем пути самопознания я понял, что самые искренние и глубокие связи расцветают, когда мы принимаем свою уязвимость. Именно делясь своими страхами, надеждами и мечтами, отношения обретают свой истинный смысл. Подобно шаману во время церемонии, который освобождает себя от всех мыслей, чтобы стать чистым каналом энергии, мы тоже, когда освобождаемся от эго и предубеждений, становимся каналами для магии отношений. Настоящая магия проявляется в моменты искренней открытости, когда невысказанные слова звучат громче произнесенных, создавая связь, выходящую за рамки простого словесного обмена.

Я призываю тебя задуматься о том, как твое личное путешествие может украсить не только твое существование, но и существование людей, которых ты любишь. Помни, что каждый маленький прогресс в твоем личном развитии - это сокровище, которое ты можешь подарить себе и окружающим.

В основе отношений, которые нас преображают, мы обнаруживаем, что подлинная алхимия заключается не в том, чтобы изменять других, а в том, чтобы позволить нашей внутренней эволюции открыть новые пути и пространства для искренних и глубоких связей. Это тонкое искусство - сплетать нити своей жизни с нитями жизни других людей, создавая живую ткань человеческих переживаний, питающих душу.

Сила этой алхимии стала очевидной для меня в один особенный момент с моим вторым сыном, Риккардо, когда ему было всего два года. Мы были на берегу моря с моей женой Росселлой, и он был погружен в строительство замков из песка с естественностью маленького архитектора. Одно из его умений - создавать нечто удивительное из ничего. Наблюдая за ним, я вдохновлялся его миром невинного гения. Он подошел ко мне, возможно, чтобы привлечь мое внимание, и в тот момент, движимый интуицией, я спросил его: «Откуда ты родом? И почему ты выбрал именно меня?».

В его ответе была обезоруживающая непосредственность, характерная для его нежного возраста. Многозначительным жестом он указал на море и сказал: «Я оттуда», - голосом, который, казалось, нес в себе тайны мира, потерявшего невинность. Затем, окинув меня взглядом, полным нежной искренности, он добавил: «И я выбрал тебя, потому что ты - Вселенная смеха».

Эти простые слова, но наполненные глубоким смыслом, отражались в нас, как самая сладкая мелодия. Росселла, стоявшая рядом со мной, пожала мне руку, разделяя то неописуемое чувство, то ощущение соучастия, которое могут вызвать только слова ребенка. Уверенность, с которой он указал на море, глубоко поразила нас, как будто он открыл древнюю тайну, священную связь с бесконечным.

В тот момент, под шум волн, который сопровождался его заразительной улыбкой, мы поняли истинную суть наших отношений. Чистое и непосредственное видение ребенком счастья и любви заставило нас задуматься о драгоценности и привилегии быть родителями.

Взгляд моего малыша, таящий в себе доверие и привязанность, отражал самые искренние и глубокие ценности, которые мы когда-либо знали. Его слова, произнесенные с естественностью человека, которому еще не знаком фильтр взрослой рациональности, стали для нас маяком и приглашением проживать каждый день с любовью, радостью и присутствием.

В тех объятиях, когда я чувствовал его маленькое тело рядом со своим, а Росселла – была рядом со мной, меня захлестнула волна эмоций. Чистота и подлинность его слов открыли мне, что моя роль как родителя выходит за рамки воспитания и защиты; это также путешествие, в котором нужно слушать, учиться и совместно расти.

И в этой тишине, наполненной любовью и нежным шумом волн, я усвоил один из самых важных уроков в своей жизни.

Спасибо вам, мои дети, за то, что выбрали меня.

Код отношений: скрытая алхимия

Это упражнение — исследовательское приключение в глубины твоих отношений, путешествие, позволяющее обнаружить и укрепить скрытые связи, которые связывают нас с другими людьми. Подобно исследователю, открывающему неизведанные земли, оно проведет тебя по лабиринту человеческих взаимоотношений, открывая скрытые сокровища понимания и любви. Это упражнение призвано превратить даже самые обычные моменты в поводы для глубокой связи, порождая спонтанный смех, который согревает сердце, и осознание, которое заставляет нас сказать: «Вот что действительно важно!».

Шаг 1. Подготовка почвы

- Выбери тихое, уютное место, где ты и твой партнер по общению (член семьи, друг или коллега) будете чувствовать себя комфортно.

- Убери в сторону все возможные отвлекающие факторы, особенно электронные устройства, чтобы создать спокойную и сосредоточенную обстановку.

Шаг 2. Активное слушание и обмен мнениями

- Начни диалог на выбранную тобой тему, которая вам обоим кажется интересной или важной.

- Когда один говорит, другой слушает, не перебивая и не осуждая, позволяя свободно и искренне делиться.

- Тебе не нужно предлагать решения или советы; цель состоит в том, чтобы понять и наладить контакт.

Шаг 3. Момент легкости

- Во время разговора расскажи смешную историю или анекдот, способный вызвать смех у обоих. Например, ты можешь рассказать о том, как по рассеянности целый день носил два совершенно разных носка, или о том, как неудачная попытка приготовить торт волшебным образом превратилась в необычную, но вкусную домашнюю пиццу. Такие моменты легкомыслия - ключ к улучшению настроения и укреплению связей между вами.

- Смех – мощный инструмент установления связи. Ему удается открыть сердце и сделать дух светлее, создавая атмосферу общения и близости. Умение смеяться над собой - это искусство, которое учит нас не воспринимать себя слишком серьезно, что позволяет нам дистанцироваться от своего «Я» и разрушить барьеры, которые иногда отделяют нас от других. Эта спонтанность и подлинность во взаимодействии обогащает опыт каждого, делая момент общения еще более особенным и запоминающимся.

Шаг 4. Индивидуальная рефлексия

- После беседы удели время тому, чтобы лично осмыслить полученный опыт.

- Подумай, что ты узнал о своем партнере, и как этот опыт повлиял на ваши отношения.

Шаг 5. Обмен размышлениями

- Если ты чувствуешь себя комфортно, поделись своими размышлениями о полученном опыте.

- Вырази благодарность за то, что вы делитесь друг с другом и слушаете друг друга.

С помощью этого упражнения ты откроешь для себя «скрытую алхимию» твоих отношений, те глубокие и значимые связи, которые раскрываются, когда мы берем на себя обязательство по-настоящему присутствовать и быть открытыми друг с другом. Эта практика предлагает драгоценную возможность заново открыть присущую повседневным взаимодействиям магию, укрепляя связи, украшающие наше существование. Это больше, чем простое занятие, это приглашение взрастить плодородную почву для подлинных и значимых отношений, которые могут обогатить каждый аспект жизни. А для тех, кто только ищет партнера, такая практика может стать способом установить подлинную и глубокую связь прямо сейчас.

Личное Благополучие

«Настоящее путешествие состоит не в том, чтобы увидеть новые пейзажи, а в том, чтобы обрести новый взгляд на жизнь»
~ Марсель Пруст

Идентичность За Пределами Роли

В своем стремлении найти баланс между духовной жизнью и финансовым успехом я понял, насколько важно собирать воедино прошлый опыт, сплетая таким образом богатую мозаику нашей личности. Это путешествие может быть нелегким, особенно когда мы слишком погружаемся в свои роли, теряя из виду свою аутентичную сущность. Как предприниматель, я не понаслышке знаком с этой дилеммой, которая не является редкостью даже среди тех, кто плывет по течению материального благополучия и здоровья.

Для многих профессиональный успех становится маской, которую они носят с гордостью, но под которой скрывается тревожный вопрос: кто я за пределами этой роли? Исследуя этот вопрос, я обнаружил, что наша личность - это калейдоскоп опыта, убеждений и отношений, а не неподвижная статуя на пьедестале профессиональных достижений. Истинная сущность личности заключается в ее способности течь и меняться, подобно реке, которая меняет свое русло, сохраняя при этом свою основную природу.

Этот процесс самоисследования не для слабонервных. Это похоже на ношение рубашки с неправильно застегнутыми пуговицами: сначала может показаться, что все идет правильно, но потом ты понимаешь, что что-то не так. И как в тот момент осознания, когда ты решаешь, переделать все заново или продолжать, в надежде что никто не заметит, так и в путешествии самопознания ты оказываешься перед похожим выбором. Этот путь требует мужества, честности и, иногда, ироничной улыбки в лицо нашим несовершенствам.

Я интегрировал в свою практику методы современной психологии и учения шаманизма, осознав, что наша личность - это пазл, состоящий из кусочков разных форм и цветов. Одни кусочки представляют собой наши успехи и роли, которые мы взяли на себя, другие - детские воспоминания, эмоциональные переживания, отношения, мечты и стремления. Только благодаря внимательному наблюдению и принятию каждого кусочка мы можем воссоздать подлинный образ себя, образ, который подчеркивает нашу уникальность вне социальных и профессиональных ярлыков.

Пройдя путь самопознания, мы можем научиться уравновешивать свои материальные устремления с духовными потребностями, создавая синергию, которая не только обогащает нашу жизнь, но и позволяет нам жить с более глубоким чувством цели и удовлетворения. Это путь, который учит нас танцевать в ритме нашего духа, оставаясь при этом укорененными в земной реальности нашего повседневного существования.

Синергия Науки и Духа

Пытаясь соединить таинственные пути шаманизма со строгой современной наукой, я обнаружил уникальный подход, похожий на сочетание мистицизма тибетского монаха с точностью квантового физика. Эта гибридная практика позволяет нам рассматривать наше повседневное поведение как с психологической, так и с нейронаучной точки зрения, признавая, что корни многих физических недугов лежат в эмоциональных, ментальных и духовных проблемах.

На основе исследований в области нейронаук мы знаем, что тело и разум неразрывно связаны друг с другом. В книге «Ошибка Декарта: эмоция, разум и человеческий мозг» (1994)[13] Дамасио отмечает, что эмоции и разум играют решающую роль в процессе

---

[13] Ссылка в главе «Библиографические ссылки»

принятия решений. Это означает, что физическое благополучие глубоко переплетено с психическим и эмоциональным благополучием.

Поэтому исцеление требует целостного подхода. Исследование, проведенное Лутцем, Грейшаром, Роулингсом, Рикардом и Дэвидсоном (2004) и опубликованное в журнале «Proceedings of the National Academy of Sciences»[14], показывает, как медитация может изменить активность мозга таким образом, чтобы улучшить положительные эмоции и внутреннее осознание. Эти результаты подчеркивают важность лечения человека в целом, интеграции разума, тела, эмоций и духа.

Эта книга поможет тебе объединить такие научные открытия с шаманскими учениями. Синергия между наукой и духом - это не просто теория, а живая практика, которую ты можешь внедрить в свою повседневную жизнь. Это как танец между двумя мирами, где логика встречается с интуицией, а аналитическое мышление сливается с духовной мудростью.

Благодаря такому соединению твой путь исцеления превращается в исследовательское приключение, в котором ты задействуешь не только мозг и логику, но и сердце и душу. Такое сочетание науки и духовности обеспечивает путь исцеления, который одновременно является научно обоснованным и духовно обогащающим, открывая новые возможности для твоего целостного благополучия.

---

[14]Ссылка в главе «Библиографические ссылки»

Корни Бытия

Углубляясь в тему взаимодействия науки и духа, мы исследуем, как психологическая обусловленность, сформированная в детстве, особенно в первые семь лет, глубоко влияет на то, кем мы являемся. В этот решающий период в мозгу ребенка формируются ключевые нейронные связи, которые могут оказать долгосрочное влияние на его эмоциональное и психологическое развитие.

Исследования в области психологии развития, такие как работы Джона Боулби и Мэри Эйнсворт, посвященные теории привязанности, показали, как ранний опыт влияет на модели привязанности и поведения в будущих отношениях. Их работа, описанная в книге «Паттерны приверженности: психологическое исследование странной ситуации» (Эйнсворт и др., 1978)[15] , показывает, что раннее взаимодействие с лицами, осуществляющими уход, играет фундаментальную роль в формировании личности и навыков взаимоотношений.

Более того, нейронаучные исследования показывают, как эти детские переживания влияют на физическую структуру мозга. Исследование Тейчера и др. «Нейробиологические последствия раннего стресса и жестокого обращения в детстве» («Neuroscience & Biobehavioral Reviews», 2003)[16] показывает, как детские травмы могут привести к длительным изменениям в областях мозга, связанных с эмоциями и памятью.

---

[15]Ссылка в главе «Библиографические ссылки»
[16]Ссылка в главе «Библиографические ссылки»

Это знание позволит тебе лучше понять корни твоего нынешнего поведения. Пройдя путь, сочетающий психологический самоанализ и техники духовного исцеления, ты сможешь начать работу над этими глубинными корнями. Книга проведет тебя через медитацию и упражнения для размышления, помогая исследовать и преодолеть эти детские переживания, чтобы обрести больше внутреннего покоя и понимания себя.

Интеграция этих практик с научными знаниями открывает путь к исцелению и целостному пониманию, которое не просто лечит поверхностные симптомы, но погружается в глубины твоего существа, предлагая тебе возможность глубоко изменить свою жизнь.

Представь, что твой разум - это плодородный сад. Некоторые растения, выросшие из семян, посаженных в раннем детстве, возможно, уже не нужны или даже вредны для твоего нынешнего благополучия. Самый эффективный способ справиться с этими нежелательными сорняками - добраться до их глубоких корней. Осознанное их удаление позволит тебе вырастить более здоровый и гармоничный внутренний сад, в котором будут процветать новые мысли и более конструктивные модели поведения.

Наблюдатели За Собой

Во время моих путешествий по джунглям Амазонки мне посчастливилось встретиться с мудрыми традиционными шаманами, среди которых был уважаемый Великий мастер Тайта Керубин Кета Альварадо. Их способность глубоко соединяться с природой и получать доступ к расширенным состояниям сознания с помощью древних ритуалов и практик стала для меня откровением. Смирение этих мастеров глубоко поразило меня, и хотя я понимал, что мой путь никогда не будет путем традиционного шамана, поскольку я не родился в племени, передававшем эти знания, я извлек из этого опыта ценные уроки.

Один из самых важных моментов, которые я наблюдал в шаманах, - это попытка применять шаманское осознание и видение в повседневной жизни, вне церемоний. Эта попытка поддерживать состояние «пустоты» или чистого наблюдения, которое переживается во время шаманских церемоний, имеет фундаментальное значение. Я узнал, что это может быть мощным инструментом, помогающим нам внимательно наблюдать за собой и позволяющим нам сознательно создавать свою реальность.

Применив эти учения на практике в своей жизни, я испытал значительные изменения. Это побудило меня поделиться со своими учениками тем, как они тоже могут применять эту мудрость в своей повседневной жизни. Благодаря самоанализу и осознанности мы можем раскрыть самые глубокие аспекты нашей сущности и использовать эти знания для более сбалансированной и приносящей удовлетворение жизни. Сочетание этих древних шаманских практик с современным подходом позволяет нам лучше изучить и понять самих себя, прокладывая путь к большему изобилию во всех сферах жизни.

Пока я просматривал страницы этой книги, до меня дошли важные новости, вызвавшие прилив меланхолического удивления: Великий мастер Тайта Керубин, прожив столетие и десятилетие земной жизни, решил принять новую форму существования. По этой причине я решил поделиться с тобой своей волшебной встречей с ним.

Слава Тайты Керубина как мастера среди мастеров со временем перешагнула границы видимого и невидимого, собрав вокруг него круг учеников, некоторые из которых сегодня считаются светилами своего поколения. Однажды, когда рассвет лениво раскинулся над землями Путумайо в Колумбии, вернувшись после ночи церемоний под руководством одного из этих мастеров, неудержимый импульс подтолкнул меня к тому, чтобы признаться другу Франческо в своем предчувствии: в ту же ночь я объявил ему, что встречусь с Великим мастером.

Хотя физические условия уже давно не позволяли Тайте Керубину активно проводить церемонии, я чувствовал, что наши пути пересекутся.

«Да, это было бы неплохо, но мне это кажется очень сложным, если не невозможным!», - эта смесь скептицизма и реализма Франческо была вполне оправдана, учитывая преклонный возраст Мастера и усердную заботу его семьи. Однако у судьбы были другие планы. После нескольких месяцев осторожных попыток моего друга и надежд, висевших на волоске, именно сам Тайта Керубин выразил желание присоединиться к нам, разрушив все разумные ожидания.

Когда долгожданный день наконец предстал перед нашими недоверчивыми глазами, я оказался перед чрезвычайно представительным мужчиной с ясностью юноши. Я поприветствовал его, протянув ему руку, которую он, с упорством, свойственным свободным духам, принял с благодарностью. Мы шли вместе в его темпе, пока не преодолели последний отрезок пути.

Я стал свидетелем двух ночей необыкновенных церемоний, которые превзошли все мои ожидания, раскрыли широкий спектр человеческих эмоций и вызвали во мне глубокое восхищение таким мастерством. В первый вечер я попросил разрешения исполнить одну из своих песен «Cura Yagé». Когда я взял в руки гитару, меня переполняло чувство, что я могу играть перед ним: «Как здорово!», - похвала маэстро моего скромного музыкального вклада стала подарком, который до сих пор отзывается в моей душе.

Однако больше всего меня поразило то, что произошло в перерыве между двумя церемониями. В особенно солнечный полдень мы нашли момент для глубокой беседы, сопровождавшейся искренним и спонтанным смехом. Меня охватило глубокое чувство, смесь благоговения и удивления, которое может испытывать только ребенок, столкнувшись с безбрежностью моря или бесконечностью звездного неба. Перед ним я чувствовал себя одновременно крошечным, как песчинка в пустыне, и огромным, как будто мой дух расширялся за пределы видимого. В этот момент я словно увидел всю Вселенную, отраженную в его глазах, Вселенную, в которой каждый вопрос находит ответ, а каждая душа - свое место.

Тайта умел смеяться, и этот обмен мнениями, пропитанный древней мудростью и смехом, который перекликался с искренностью разделенных моментов, научил меня тому, что жизнь, в ее чистейшей сути, - это путешествие, полное открытий. Путь посвящения, на котором каждая встреча, каждое слово, каждый взгляд могут открыть частицу той тайны, которую мы ищем. Благодаря этому дню я понял, что путь духа не знает границ, кроме тех, которые мы сами себе навязываем, и что в любой момент мы можем выбрать выход за их пределы, руководствуясь светом знания и любовью, которая все соединяет.

«Этой ночью приготовьтесь, - сказал он, глядя на меня и Франческо, - потому что я предложу вам исцеление». Мы сразу же поняли важность его слов, потому что в шаманских племенах проведение этого ритуала Великим мастером считается особым событием и большой честью. Физическое и эмоциональное исцеление, которое я ощутил, помогло мне понять, что его сила находится далеко за пределами земного измерения. Он освободил пространство в моей душе.

Спасибо, Великий мастер, за наше совместное путешествие и уроки, которые вы нам преподали, - наследие, которое будет продолжать освещать мой путь и путь многих других. Счастливого пути, Мастер, в вашем новом состоянии бытия!

Код процветания: шаманская пустота

Поздравляю тебя с тем, что ты зашел так далеко в своем путешествии! Даже несмотря на мои многочисленные отступления о моей личной истории, которые, я знаю, заставили тебя несколько раз закатить глаза и подумать: «Да кого это волнует?». Теперь действительно пришло время применить на практике все то, чему ты терпеливо учился, читая эти страницы и играя с предложенными «кодами». Приготовься исследовать состояние «шаманской пустоты» - состояние сознания, столь же мощное, сколь и загадочное, где разум и сердце синхронизируются, как пожилая пара, заканчивающая фразы друг друга. И давай не забудем активировать энергетический центр в солнечном сплетении - да, в той самой области над желудком, где ты обычно слышишь урчание, когда пропускаешь завтрак. В этом состоянии, открытом для безграничных возможностей и, возможно, даже нескольких закусок, ты станешь осознанным наблюдателем своего прошлого, настоящего и того потенциального будущего, о котором ты до сих пор только мечтал. Соедини мудрость древних шаманских учений с современными научными открытиями о согласованности работы сердца и разума, и начни идти навстречу жизни, в которой найдется место балансу и процветанию.

Шаг 1. Подготовка и сосредоточение

- Помнишь тот «личный ритуал», который ты составил с помощью «кода шамана»? Надеюсь, ты не забыл его в каком-нибудь пыльном уголке своего сознания. Пришло время достать его из ящика!

- Присядь в своем «сакральном» месте.

- Сядь или ляг поудобнее, но сохраняй присутствие!

- Дыши глубоко. Пусть каждый вдох будет подобен волне, уносящей тебя от хаоса дня. Представь, что каждый вздох высвобождает частичку того напряжения, которое ты носил в себе... ну, слишком долго.

Шаг 2. Согласованность сердца и разума

- Сосредоточься на своем дыхании и представь, что между сердцем, разумом и солнечным сплетением существует текучая связь.

- Визуализируй энергию, которая объединяет их, приводя тебя в состояние согласованности и спокойствия. Почувствуй, как усиливается тепло в этих точках.

Шаг 3. Достижение шаманской пустоты

- В этом спокойном состоянии открой свой разум для понятия «пустота», пространства бесконечных возможностей.

- Отпусти мысли и позволь себе войти в состояние чистого бытия и наблюдения.

Шаг 4. Созерцание возможностей

- Находясь в этом состоянии пустоты, задумайся о безграничных возможностях своей жизни.

- Подумай, как каждое решение и мысль могут повлиять на твой путь.

Шаг 5. Установи намерение

- С ясностью и решимостью сформулируй намерение, которое ты хочешь воплотить в своей жизни.

- Пусть это намерение глубоко укоренится в твоей сущности.

Шаг 6. Возвращение и интегрирование

- Медленно вернись к обычному осознанию.

- Подумай, как применить это осознание в повседневной жизни, поддерживая связь с шаманской пустотой.

Благодаря этому упражнению ты откроешь в себе способность со-творять свою реальность. Последовательная практика позволит тебе использовать силу шаманской пустоты для создания жизни, наполненной балансом, процветанием и удовлетворением, напоминая тебе, что ты являешься творцом своего жизненного опыта и что каждый момент - это возможность для роста и трансформации.

Будущее Ценности

Нет ничего более мощного, чем быть самим собой!

~ Антонио Сиано

Баланс Между Духовным и Материальным

В своем путешествии по поиску баланса между духовностью и материальными благами я открыл фундаментальную истину: нам не нужно выбирать между внутренним благополучием и внешним успехом. Это научило меня тому, что истинная ценность заключается в осознанном и значимом присутствии в жизни окружающих нас людей.

Материальное благополучие и духовный рост могут сосуществовать в гармонии, обогащая друг друга. В моей жизни достижение баланса между этими двумя измерениями стало основополагающим принципом. Сегодня я осознаю важность комфорта и безопасности, которые могут предложить деньги, наряду с важнейшей ценностью внутреннего богатства.

Это осознание побудило меня поделиться своими знаниями на практике, посредством реальных примеров и вдохновляющих историй, демонстрирующих, как каждый может найти свой собственный путь к сбалансированному существованию, где стремление к счастью, здоровью и материальному изобилию переплетаются между собой. Путь, который может быть связан как с достижением внешних целей, так и с пробуждением и оценкой нашего внутреннего потенциала.

Я понял, что, став сознательными творцами своей реальности, мы можем привлечь процветание во всех его формах. Для меня это означает не только зарабатывать деньги, но и привлекать значимые отношения, обогащающий опыт и чувство личного удовлетворения, которое может пронизывать каждый аспект нашей жизни. Это ключ к жизни, наполненной процветания и смысла.

Процветание За Рамками Денег

Путь к достижению более сбалансированного подхода к процветанию научил меня тому, что погоня только за деньгами может привести к ненужным жертвам на уровне психического и физического здоровья. Настоящее процветание идет по пути нашего личностного и духовного роста.

Согласовывая свои глубинные ценности с материальными целями, ты создаешь естественный и постоянный поток изобилия. Богатство отношений, радость от мелочей и удовлетворение от осмысленной жизни - вот истинная суть процветания. Они способны обогатить каждый аспект нашей жизни и помочь нам найти баланс между материальным благополучием и внутренним ростом.

История Кэти и ее мужа Альберта - трогательный пример этой истины.

«Я больше не знаю, что делать», - начала Кэти в телефонном разговоре, и в ее голосе звучало отчаяние. «Мы посетили все самые известные больницы мира».

Ее признание глубоко тронуло меня, обнажив смесь боли и потерянной надежды, которую может почувствовать только родитель, столкнувшийся с болезнью ребенка.

«Кэти, первый шаг - это поверить в терапию и врачей», - ответил я, пытаясь вселить в нее мужество. «Но есть нечто более глубокое, чем мы должны заняться – это то, что касается тебя и твоего мужа».

Таким образом, роскошь путешествий на частном самолете и жизнь в условиях повышенного комфорта, которую Кэти и Альберт хорошо знали, вступала в противоречие с простотой организованного нами выездного ретрита. Это были три дня, в течение которых они исследовали не только тонкости своей жизни, но и свои души.

«Мы так и не научились по-настоящему наслаждаться тем, что у нас есть. Мы всегда спешили к следующей цели, не останавливаясь, чтобы насладиться моментом», - призналась Кэти, сидя напротив меня и переплетая руки с руками Альберта.

Альберт с сияющими глазами кивнул: «Эти дни открыли мне глаза. Я понял, что истинное богатство - здесь, в том, что мы вместе, в той поддержке, которую мы можем оказать друг другу».

Благодаря интенсивной внутренней работе и применению различных практик и техник, некоторые из которых подробно описаны в этой книге, мы погрузились в корни их детских переживаний. Этот путь позволил нам «разблокировать» те повторяющиеся поведенческие паттерны, которые оставили значительный след в их жизни и жизни их семьи, в частности их маленького сына.

Результат этого путешествия? Спустя семь лет Кэти регулярно сообщает мне о том, как улучшились их отношения, стали более глубокими и общительными и как их сын, теперь уже подросток, чувствует себя гораздо лучше, живя жизнью, окутанной любовью своей семьи.

Кэти и Альберт также основали благотворительный фонд для помощи семьям, столкнувшимся с теми же проблемами, и их благосостояние выходит далеко за рамки материального.

Поделившись их историей, я надеюсь, что передал глубину их путешествия и надежду, которая была с ним связана. Это приглашение заново открыть для себя маленькие радости, узы, которые объединяют нас, и личностный рост, который нас обогащает, демонстрируя, что истинное процветание выходит за рамки денег.

Личная и Глобальная Устойчивость

На этих страницах я поделился фрагментами уроков и техник, которыми был отмечен мой путь. Я не стал святым, гуру или кем-то в этом роде. Я такой же человек, как и ты, который совершает ошибки и сталкивается с неудачами. Однако что действительно изменилось для меня, так это то, как быстро я теперь признаю свои ошибки: то, на что раньше уходили месяцы, чтобы полностью понять и принять, теперь происходит за считанные секунды. Такая скорость осознания - результат искренней честности с самим собой, невероятно мощного инструмента.

Путешествие к жизни, полной изобилия и глубины отношений, научило меня тому, что устойчивость - это не только экологическая концепция, но и фундаментальный принцип нашего личностного роста. Понимание и уравновешивание наших материальных и духовных потребностей имеет решающее значение для поддержания нашего психического и физического здоровья и предотвращения истощения наших внутренних ресурсов.

Одновременно с этим глобальная устойчивость требует уважительного отношения к нашей планете, что подразумевает защиту окружающей среды, а также содействие устойчивой экономике и сообществам на благо будущих поколений. В этом контексте отношения играют ключевую роль. Сильная сеть поддержки, построенная на значимых связях, не только способствует нашему личностному росту, но и стимулирует положительное влияние на окружающую среду и общество.

Интегрируя шаманские практики и дальновидный подход в повседневную жизнь, мы можем жить в изобилии, не жертвуя своими отношениями и здоровьем планеты. Этот путь учит нас тому, что можно процветать и быть ответственным одновременно, помогая построить более сбалансированный и устойчивый мир.

Если тебя захватили эти страницы и мои слова, знай, что тебе предстоит еще многое открыть и пережить. Описанные трансформационные переживания - это только начало. Продолжай исследовать свои внутренние поиски, ведь истинная ценность жизни заключается в твоей способности стать мастером и со-творять свою реальность.

Я приглашаю тебя не только поразмыслить над прочитанным, но и наложить это на твой личный опыт и посмотреть, как ты можешь интегрировать эти учения в свою повседневную жизнь. Желание обрести счастье, здоровье и изобилие универсально, и в твоих силах сделать это. Никогда не прекращай искать, учиться и расти.

Сознательное Создание Будущего

Как нам попрощаться после этого долгого диалога в поисках себя, в котором мы были в глубокой связи? Так же, как это сделал бы я: рассказав о встрече, которая меня чему-то научила.

Среди множества историй людей, с которыми мне посчастливилось переплести свой путь, есть Майкл, но сначала я хотел бы рассказать тебе о Марион. Любовь к музыке открыла новые двери ее души, и я рад сообщить тебе, что в ее жизнь вошел особенный человек, душа которого находится в полной гармонии с ее душой. При каждом удобном случае она берет гитару и посвящает песню своему возлюбленному, сплетая воедино мелодии, прославляющие их любовь. Ее ноты, идущие прямо из сердца, отдают дань уважения объединяющей силе музыки, демонстрируя, как музыка может стать универсальным языком связи и глубокой привязанности.

В этот ритм жизни, в определенный момент, несколько лет назад, вошла энергия Майкла, и жизнь повела меня по пути Майкла, молодого музыканта лет двадцати пяти, одаренного необыкновенным талантом. Его голос был способен затронуть душу любого, кто его слушал, но страшная болезнь грозила навсегда погасить этот драгоценный дар, подвергая опасности его голосовые связки. Майкл происходил из семьи успешных предпринимателей, но мучительные отношения с отцом, похоже, оказали на него глубокое влияние, повлияв на его способность к самовыражению. Блокировка проявилась прямо в горле, где находятся голосовые связки и энергетический центр, связанный с общением.

Один момент навсегда запечатлелся в моей памяти. Во время того ретрита, который изменил жизнь Майкла, я подошел к нему, и он посмотрел на меня глазами, в которых отражалось море эмоций, сдерживаемых слишком долго. У меня создалось впечатление, что его взгляд вот-вот пересечет невидимый порог, готовый оставить позади этот огромный груз.

«Чего ты на самом деле хочешь, Майкл?», - спросил я, вложив в свой голос столько спокойствия и поддержки, сколько мог. Слова плыли в пространстве между нами, наполненные ощутимым предвкушением.

Со вздохом, в котором, казалось, таились годы неизведанного молчания, Майкл ответил тонким, но ясным голосом: «Я хочу, чтобы моя душа пела... Я хочу быть правдивым, показать миру свою самую глубокую сущность». Его слова были шепотом, но в них слышалась сила освобождающего крика.

Я сказал ему, положив руку на его плечо в знак братской поддержки: «Пришло время отпустить все, что тебя тяготит. Здесь и сейчас, Майкл. Освободи свой голос, освободи себя».

Слезы потекли по его лицу, сначала робко, а потом неудержимым потоком. Это были не просто слезы боли, а слезы откровения, возрождения. Майкл плакал, и мы все плакали вместе с ним, объединившись в моменте чистой человечности и единения. Этот плач стал символом нашего коллективного пути к истине и подлинности.

С тех пор Майкл отправился в путь непрерывной эволюции и открытий, исследуя глубины своей души через музыку. Каждый его новый альбом - это глава в этом исследовании, подарок, который трогает душу слушателя, напоминая нам, что каждый голос, если он подлинный, может найти глубокий отклик в сердцах других людей.

История Майкла - это мощное напоминание о том, что девиз «Твое будущее сейчас» уже воплощен в жизнь в глубине твоей души. Из его истории мы можем подчеркнуть для себя, что самые глубокие преобразования начинаются тогда, когда мы решаем встретиться лицом к лицу с тем, что нас сдерживает, и отпустить это, позволив нашей чистейшей сущности сиять и петь, свободно, в мир.

Спасибо, что сопровождал меня в этом повествовательном путешествии. Написание этой книги стало для меня путешествием в личные размышления, еще одним подтверждением необыкновенного приключения, которым является жизнь. Я пропитал эти страницы энергией гармонии и любви, убежденный, что они дошли до тебя, возможно, не до твоего сознания, но, несомненно, до твоей души, которая всегда слушает.

Я призываю тебя никогда не сдаваться, каждый день стремиться к своей истине, и позволять своему внутреннему голосу указывать тебе путь.

Повторяй предложенные мною коды для раскрытия своего потенциала, и постоянно стремись к внутренней эволюции. Как мы видели в коде «Код шамана: ритуал», ежедневное применение этих принципов способно преобразить твою реальность и глубоко изменить твое представление о ней.

И никогда не забывай: искренняя улыбка и искренний смех - несравненные союзники в этом великолепном путешествии!

Я приглашаю тебя стать современным шаманом в своей жизни и хочу прояснить одну вещь: я не предлагаю тебе превратиться в шамана, который, сидя за столиком в ресторане, достает из пакета вайру, чтобы «зарядить энергией» салат, создавая такое необычное зрелище, что даже официант остановится, чтобы сделать заметки о «новой духовной приправе». Я также не предлагаю тебе произносить формулы финансового успеха над своими корпоративными балансами, ожидая, что красные цифры волшебным образом превратятся в черные. Скорее, путешествие, которое я тебе предлагаю, заключается в том, чтобы настроиться на свою интуицию и энергии, которые тебя окружают, в каждом аспекте повседневной жизни, не прибегая к таким... экзотическим внешним жестам.

Помни, что величайшая сила заключается в простоте твоих повседневных действий, подлинности твоего бытия и способности смеяться над собой, особенно когда ты ловишь себя на мысли о том, что аура твоего комнатного растения нуждается в небольшой подкормке – «энергетическом очищении» с помощью вайры.

Когда тебе нужно напоминание, знак или ты хочешь просто посмеяться, возвращайся к этим страницам. Не думай, что это просто чернила на бумаге; это настоящие инструкции для навигации в джунглях жизни. А теперь, я прямо вижу, как ты поднимаешь бровь, спрашивая: «Может ли парень, называющий себя «современным шаманом», действительно помочь мне найти путь к лучшей жизни? Правда, Антонио?». Что ж, теперь твоя очередь. Стать шаманом своего пути, творцом своей судьбы. Эта книга - только начало: настоящее приключение - в твоих руках.

Это твой самый важный момент, о шаман нашего времени, и грандиозный эпилог... который, мой дорогой читатель, тебе предстоит написать.

Aslepay (aslepay - означает «благодарность») и хорошего путешествия!

Библиографические Ссылки

1. Ferriss, T. (2017). Tribe of Mentors: Short Life Advice from the Best in the World. Houghton Mifflin Harcourt. / Тимоти Феррисс «Племя наставников»

2. Оруэлл, Дж. (1949). 1984. Часть 2, глава 9. Взято с сайта https://www.allgreatquotes.com/nineteen-eighty-four-95/.

3. Norman Vincent Peale, 'The Power of Positive Thinking' APA: Peale, N. V. (1952). The Power of Positive Thinking. / Норман Пил «Сила позитивного мышления»

4. Alfieri, V. (1804). Life of Vittorio Alfieri from Asti, Written by Himself. / Альфьери, В. «Жизнь Витторио Альфьери из Асти, рассказанная им самим»

5. Мальсерт Дж., Палама А. и Гентаз Э. (2020). Это исследование было сосредоточено на развитии эмоционального восприятия лица у детей разного возраста, изучая возникновение эмоционального эффекта инорасовой принадлежности. Бэтти, М., и Тейлор, М. Дж. (2006). В их исследовании изучалось развитие эмоциональной обработки лица в детстве. Лемериз, Э. А., и Арсенио, В. Ф. (2000). В этой работе была предложена интегрированная модель процессов эмоций и познания при обработке социальной информации. Крик, Н. Р., и Додж, К. А. (1994). Они рассмотрели и переформулировали механизмы обработки социальной информации в процессе социальной адаптации детей. Барретт, Л. Ф., и Сатпуте, А. Б. (2013). Их исследование внесло вклад в понимание крупномасштабных

сетей мозга в аффективной и социальной нейронауке. Нук, Э. К. и др. (2018). В этом исследовании изучалось нелинейное развитие дифференциации эмоций и подчеркивалось, что в подростковом возрасте эмоциональная гранулярность находится на низком уровне.

6. Napoleon Hill: "Think and Grow Rich" APA: Hill, N. (1937). Think and Grow Rich. Wallace D. Wattles: "The Science of Getting Rich" APA: Wattles, W. D. (1910). The Science of Getting Rich. Ralph Waldo Emerson: "Self-Reliance" APA: Emerson, R. W. (1841). Self-Reliance. William Walker Atkinson: "Thought Vibration or the Law of Attraction in the Thought World" APA: Atkinson, W. W. (1906). Thought Vibration or the Law of Attraction in the Thought World. Eckhart Tolle: "The Power of Now" APA: Tolle, E. (1997). The Power of Now. / Наполеон Хилл «Думай и богатей». Уоллес Д. Уоттлз «Наука стать богатым». Ральф Уолдо Эмерсон «Самодостаточность». Уильям Уокер Аткинсон «Движение новой мысли». Экхарт Толле «Сила настоящего».

7. Beversdorf, D. Q., et al. (2007). Beta-adrenergic modulation of cognitive flexibility during stress. Journal of Cognitive Neuroscience, 19, 468–478.

8. Beversdorf, D. Q. (2018). Stress, pharmacology, and creativity. The Cambridge Handbook of the Neuroscience of Creativity.

9. Beversdorf, D. Q. (2019). Neuropsychopharmacological regulation of performance on creativity-related tasks. Current Opinion in Behavioral Sciences, 27, 55–63. Bower, J. E., & Kuhlman, K. R. (2023). Psychoneuroimmunology: An Introduction to Immune-to-

Brain Communication and Its Implications for Clinical Psychology. Annual Review of Clinical Psychology, 19, 331-359. doi: 10.1146/annurev-clinpsy-080621-045153. Доступно на сайте: https://pubmed.ncbi.nlm.nih.gov/36791765/

10. Black, D. S., & Slavich, G. M. (2016). Mindfulness meditation and the immune system: a systematic review of randomized controlled trials. Annals of the New York Academy of Sciences, 1373(1), 13-24. doi: 10.1111/nyas.12998. Bennett, D. (2021). Meditation brings robust immune system activation, UF Health researchers find. University of Florida Health. Retrieved December 14, 2021. Доступно на сайте: https://ufhealth.org/news/2021/meditation-brings-robust-immune-system-activation-uf-health-researchers-find

11. Bradt, J., Dileo, C., Magill, L., & Teague, A. (2016). Music interventions for improving psychological and physical outcomes in people with cancer - PubMed. Cochrane Database of Systematic Reviews. Jorgie Ann Contreras. (2022). Music as Medicine: A Concept Analysis - PubMed. Creative Nursing. https://pubmed.ncbi.nlm.nih.gov/36411048/ Zhang, J. M., Wang, P., Yao, J. X., Zhao, L., Davis, M. P., Walsh, D., & Yue, G. H. (2012). Music interventions for psychological and physical outcomes in cancer: a systematic review and meta-analysis - PubMed. Support Care Cancer.

12. National Cancer Institute. (n.d.). Aromatherapy and Essential Oils (PDQ®)–Patient Version. Retrieved from National Cancer Institute website. Cho, M. Y., Min, E. S., Hur, M. H., & Lee, M. S.

(2009). The effects of aromatherapy on stress and stress responses in adolescents. Journal of Korean Academy of Nursing, 39(3), 357-365. Retrieved from PubMed. Jimbo, D., Kimura, Y., Taniguchi, M., Inoue, M., & Urakami, K. (2009). Effect of aromatherapy on patients with Alzheimer's disease. Psychogeriatrics, 9(4), 173-179. Извлечено из PubMed.

13. Heraclitus. (circa 500 B.C.). Fragments. In Diels, H., & Kranz, W. (Eds.), Die Fragmente der Vorsokratiker (Vol. 1). Weidmannsche Verlagsbuchhandlung. / Гераклит. Фрагменты.

14. Damasio, A. R. (1994). "Descartes' Error: Emotion, Reason, and the Human Brain". New York: G.P. Putnam's Sons. / Дамасио, А. Р. «Ошибка Декарта: эмоция, разум и человеческий мозг»

15. Lutz, A., Greischar, L. L., Rawlings, N. B., Ricard, M., & Davidson, R. J. (2004). "Long-term meditators self-induce high-amplitude gamma synchrony during mental practice". Proceedings of the National Academy of Sciences, 101(46), 16369-16373.

16. Ainsworth, M. D. S., Blehar, M. C., Waters, E., & Wall, S. (1978). "Patterns of Attachment: A Psychological Study of the Strange Situation". Hillsdale, NJ: Lawrence Erlbaum.

17. Teicher, M. H., Andersen, S. L., Polcari, A., Anderson, C. M., Navalta, C. P., & Kim, D. M. (2003). "The Neurobiological Consequences of Early Stress and Childhood Maltreatment". Neuroscience & Biobehavioral Reviews, 27(1-2), 33-44.

Приложение: Присоединяйся К Путешествию!

Здравствуй, дорогой путешественник внутреннего мира! Если страницы этой книги тронули тебя, значит, путешествие на этом не заканчивается. Тебя ждет целая вселенная исследований и развития, и я буду рад поделиться еще большим количеством инструментов для твоего путешествия.

Веб-сайт и медитации под руководством: посети мой веб-сайт https://antoniosiano.com, чтобы получить доступ к бесплатным медитациям под руководством. Они идеально подходят для углубления твоей практики и приведения тебя в новые состояния осознанности.

Социальные сети: подписывайся на мои аккаунты в социальных сетях, чтобы получать ежедневные обновления, советы и хорошую порцию вдохновения. Ты найдешь посты, полные позитивной энергии, анонсы моих мероприятий и многое другое.

Подкасты: если ты любишь слушать истории и получать озарения на ходу, не пропусти мой подкаст «The Awakening Podcast» («Пробуждающий подкаст»), доступный на YouTube, Spotify, Apple Podcasts, Google Podcasts и многих других цифровых платформах. Это микс мудрости, жизненных историй и щепотки шаманского юмора!

Музыкотерапия: хочешь добавить волшебный штрих в свой день? Послушай мои музыкальные композиции, доступные на таких площадках как Spotify, Apple, Amazon и многих других площадках. Это как ласка для души и заряд бодрости для твоего духа.

Онлайн-курс: чтобы еще глубже погрузиться в мир современного шаманизма, ознакомься с моим онлайн-курсом, доступным на сайте https://antoniosiano.com. Это уникальная возможность узнать о практиках и взглядах, которые обогатили мое путешествие.

Эксклюзивное сообщество: присоединяйся к нашему онлайн-сообществу, чтобы общаться с другими путешественниками-единомышленниками. Ты получишь доступ к специальным скидкам, эксклюзивным вебинарам и многому другому. Общение с попутчиками может изменить твое путешествие к лучшему.

Давай оставаться на связи: моя миссия - поддерживать тебя на пути роста и трансформации. Помни, что ты не одинок в этом путешествии. Вместе мы сможем исследовать неизведанные территории души и раскрыть наш безграничный потенциал.

Спасибо за участие в этом шаманском путешествии. Помни, что каждый твой шаг - это шаг к твоей истинной сущности. И я буду рядом, чтобы отпраздновать каждый твой успех на этом пути.

С большой любовью и шаманским смехом.